KB073263

경영학에서 바라본
태극권

경영학에서 바라본
태극권

초판인쇄 2019년 2월 28일
초판발행 2019년 3월 06일

지은이 송석우
펴낸이 이재욱
펴낸곳 (주)새로운사람들
디자인 김남호
마케팅관리 김종림

ⓒ 송석우 2019

등록일 1994년 10월 27일
등록번호 제2-1825호
주소 서울 도봉구 덕릉로 54가길 25(창동 557-85, 우 01473)
전화 02)2237.3301, 2237.3316 **팩스** 02)2237.3389
이메일 ssbooks@chol.com
홈페이지 http://www.ssbooks.biz

ISBN 978-89-8120-576-8(03690)

경영학에서 바라본
태극권

송석우 지음

새로운사람들

〈머리말〉

　내가 '무림'에 몸을 담은 것은 초등학교 4학년 때, 남영동에 있
던 합기도 도장에 나가게 되면서부터였다. 도장에서 무술을 연
마했으면 좋았겠지만, 소질이 있는 것도, 특별히 관심을 가졌던
것도 아니어서 그저 습관적으로 도장에 나가, 사범의 눈을 피해
또래 애들과 노는 데 열중했다. 그렇게 3년을 도장에 다니다가
중학교에 입학하면서 흐지부지 그만두었다.

　강호에 발을 들여놓은 것은 중학교 3학년 때의 일이다. 친구
의 권유로 '정협지'를 읽은 것이 그 계기였다. 정협지가 그려내
는 세상은 적어도 합기도에서의 내 경험과는 너무도 달라서, 그
때까지 내가 읽었던 그 어떤 책에도 없는 강렬한 것이었다. 나는
바로 그 '강호'에 흠뻑 빠져들 수밖에 없었다.

　정협지는 대만 작가 위지문의 '검해고홍'이라는 소설을 김광
주가 번역하여 경향신문에 연재했던 한국 최초의 무협소설로,
1966년에 상중하 세권으로 출판되었던 책이다. 그 당시의 많은
청소년들이 그러했듯이 한 번 무협지에 빠진 나는 그 험한 강호
의 세상에서 헤어나질 못하고 '군협지'를 비롯한 대만 작가 와룡
생의 그 많은 무협소설을 빠짐없이 읽게 되었다.

　태극권을 처음 접한 것은 팔십 년대 중반에 고속버스에서 시간
을 때울 목적으로 가판대에서 집어든 김용의 '영웅문'에서였다.
영웅문의 3부 '의천도룡기'에 무당파의 개파조사 장삼봉이 태극
권을 만들었다는 구절을 읽고 궁금증을 가지게 되었다. 그 후로

늘 궁금해 했으나 그 궁금증을 풀기 위해서는 아직 한참을 더 기다려야 했다.

2007년 말에 중국 주재원으로 파견을 나갔던 나는 한참을 수소문한 끝에 2008년 여름, 드디어 수홍(蘇宏) 사부를 소개받고 비로소 태극권에 입문하게 되었다. 또 2010년부터는 蘇宏 사부의 허락을 받고 이춘경(李春景) 노사에게 진식 태극권을 배울 수 있었다. 특히 이춘경 노사를 모시고 진식 태극권을 배울 때는 그야말로 침식을 잊는다고 할 정도로 심취하였다.

새벽에 일어나 광장에 모여서 투로(套路)를 수련하다 보면 세상사가 하찮아 보이고, 그 누구도 부러울 것이 없는 그런 상태에 도달하게 된다. 등에서는 땀이 살짝 배어나와 부는 바람에 쾌적해지고, 몸 전체가 따뜻해져서 그야말로 사지백해가 편안해지는데, 마음도 차분하게 가라앉아, 마치 고요한 숲속에라도 들어와 있는 기분은 그 어떤 것과도 바꿀 수 없어서, 마약과도 같은 강한 중독성을 느끼게 된다.

그러한 태극권을 수련하면 할수록, 태극권의 원리가 기업을 경영하는 원리와 별반 다를 것이 없다는 사실을 느끼곤 하였다. 마치 기를 단전에 가라앉히는 것처럼 냉철해야 하면서도, 끝없는 열정으로 길게 몰아붙여야 할 때도 있으며, 무리하게 서두를 것이 아니라 자신을 버리고 상대(시장)의 움직임에 따라야 하는가 하면, 경우에 따라서는 유연하게 반응하고, 상대의 힘을 역으로 이용하는 지혜가 필요하다.

최소의 투입으로 최대의 효과를 얻어야 하며, 항상 자신과 상대를 파악하기에 모든 주의를 기울여야 한다. 한순간의 실수가 돌이킬 수 없는 결과를 가져온다는 점은 기업경영과 태극권이라는 무술이 다를 바가 없다.

　다 그만두고라도 우선 기업을 경영하면서 받는 그 많은 스트레스를 적절히 관리하면서 스스로의 건강을 지켜야 하는 경영자에게는 심신을 동시에 단련할 수 있는 태극권이야말로 가장 적합한 운동이요 정신수련이라고 할 수 있다.

　태극권을 수련하면서 태극권의 원리가 기업을 경영하는 원리와 별반 다를 것이 없다는 사실도, 내가 현장에서 기업경영을 경험했고 현재 대학의 관련과에 몸담고 있어서가 아니라 다른 모든 사람들과 공유해야 할 중요한 정보라고 생각한다. 경영이라는 개념이 꼭 기업경영에 국한되는 것이 아니고 세상 모든 사람들이 스스로부터 가계경영에 이르기까지 자기 경영을 해야 하며, 기업경영도 결국은 자기 경영에서부터 출발하는 만큼 경영은 모든 사람에게 필요한 일이다.

　그런 경영의 원리가 태극권의 원리와 상통한다는 것은 모든 사람이 건강 유지는 물론 자기관리를 위해서도 태극권을 수련해야 하는 이유다.

　지난 십여 년간 거의 하루도 빼지 않고 매일 새벽 태극권을 수련해온 나는 몇 년 전부터 무료 태극권교실을 열고 주위의 관심을 가진 사람들을 대상으로 태극권을 가르치기 시작했고, 초보자들의 이해를 도울 수 있을 만한 적절한 책을 찾아보았다. 그러나 아쉽게도 책의 저자 분들이 이미 상당한 경지에 이른 분들이고, 그런 관점에서 책을 쓰셨기 때문에 태극권을 처음 배우는 사람들이 겪어야 할 어려움이나, 보다 상세한 요령에 대한 설명에는 부족해 보였다. 배우고 나면 별 것도 아닌데, 모르는 상태로 처음 해보는 사람들은, 그 아무 것도 아닌 사소한 것들 때문에 많은 어려움을 겪게 마련이다.

그런 생각에 이제 태극권을 수련한 지 겨우 십일 년밖에 안된 저자가 이른바 내공이 부족하면서도 용기를 내서 태극권을 처음 배우는 사람들이 보다 더 쉽게 태극권을 이해할 수 있고, 특히 주의해야 할 점은 무엇인지, 경영과 관련해서 배울 점은 무엇인지를 알려줄 수 있는 책을 하나 만들어야겠다는 생각을 갖게 되었다.

이미 태극권에 관한 좋은 책들이 많이 출판되어 있는데 또 비슷한 책을 만든다는 일이 한편으로는 겁이 나기도 한다. 짧은 시간에 책을 만드느라 미진한 부분도 많고, 아쉬움이 있음에도 불구하고 이 책이 이제 무림강호에 나가서 태극권에 관심을 가진 분들이나, 태극권을 처음 접하는 분들에게 도움을 드릴 수 있다면 다행이요, 저자로서는 감사를 드릴 일이다.

태극권이 성립되어 지금까지 전해져 오도록 필생의 노력을 기울였던 모든 선배들에게 감사드리며, 대부분을 사부에게 배웠다고는 하나, 떠도는 정보를 바탕으로 이런 책을 쓸 수 있도록 목숨과도 같은 비결들을 아낌없이 후세에 전해준 선대 무림 고수들에게 감사드린다.

무엇보다도 중국어도 서투른 저자를 제자로 받아들여 자신의 모든 비기를 전수하고자 애쓰셨던 蘇宏 사부와 李春景 노사에게 깊은 감사를 드린다. 사부를 왜 사부라고 하는지, 귀국해서 자주 뵐 수 없어지니 새삼 더욱 깨닫게 된다.

바쁜 중에도 귀중한 시간을 내서 사진을 찍고, 여러 가지로 도움을 주었던 첫 제자 (주)바이오텍의 손일락 사장에게도 감사드리고, 관심을 갖고 책이 나오길 기다렸던 모든 제자 분들에게 감사드린다. 내가 그분들에게 태극권을 가르치긴 하지만 '상서 (尙書)'에 나오는 '유교학반(惟敎學半, 가르치면서 반은 배운다)' 이라는 말처럼, 그 분들을 가르치는 과정에서 나 역시 태극권에 대한 깨달음이 깊어졌고, 인생 경험이 만만치 않은 그분들의 지혜를 통한 배움도 적지 않았다.

끝으로 어려운 시장 상황에서도 흔쾌히 책을 내주시기로 결정한 '새로운사람들'의 이재욱 사장님께 깊은 감사를 드리며, 내 진정 사랑하는 이에게 이 책을 드린다.

2019. 1. 31. 저자 송 석 우

〈추천의 글〉

　송석우 선생의 저서에 추천하는 글을 쓰게 된 것은 저에게 큰 영광입니다. 저는 태극권 무술 교련으로 일본, 미국, 독일, 러시아, 한국 등 여러 국가의 제자들을 가르쳐 왔습니다. 과거 십 수 년 간 태극권을 가르쳤던 여러 제자 중에서 송 선생은 저에게 매우 깊은 인상을 남긴 사람입니다.

　송 선생은 한국인으로서 성공적인 기업인이었습니다. 2008년부터 저는 그에게 전통 태극권과 태극검, 무당검, 그리고 국제 태극권(42식태극권경세투로)과 태극검경세투로, 태극공부선을 가르쳤습니다. 그와 함께 공부하는 과정에서 저도 그로부터 얻은 것이 적지 않습니다.

　송 선생은 한국에서 나고 자란 한국인입니다. 어려서부터 정통 한국문화 교육을 받아왔기 때문에 그의 입장에서 우리 중국 전통문화를 보는 방식은 매우 가치가 있습니다.

　중국과 한국은 예로부터 밀접한 관계를 가지고 있어서 문화면에서도 아주 유사한 부분이 많습니다. 근대에 와서 양국은 다 같이 열강들의 압박 속에서 고군분투하여 세계 선진의 대열에 진입하는 과정을 거쳤습니다.

　우리 양국이 아시아 아프리카 라틴아메리카의 여러 국가와 달리 후진국 대열에서 벗어날 수 있었던 것은 아마도 현대과학기술이 가져온 변혁을 제외하더라도 중국과 한국이 공동으로 계승해온 동방문화가 중요한 바탕이 되었을 것입니다. 매우 위안이 되는 것은 중국이든 한국이든 우리 모두 현대화의 물결 중에 우리의 뿌리를 잃어버리지 않고 든든하게 지키고 있다는 것입니다.

태극권공부(쿵후)는 중국의 것인 동시에 세계의 것입니다. 저는 송 선생과 함께 태극권을 공부하는 과정에서 태극권의 매력은 국경과 관계없다는 것을 여러 차례 느낄 수 있었습니다. 송 선생은 고등교육을 받았으며 동시에 중국과 한국 양국의 문화에도 정통하고 있어서 더 넓은 시야와 더 이성적이고 객관적인 판단이 가능하였습니다.

우리는 학습하는 과정에서 자주 서로 무릎을 맞대고 긴 이야기를 나누었습니다. 많은 사람들과 일에 대한 그의 분석과 견해에 저는 자주 큰 깨달음을 얻는 느낌을 받았습니다.

이러한 깨달음은 간접적으로 저의 교수이념에 영향을 주기도 하였습니다. 심지어 어느 정도는 제 생활의 사고방식을 바꾸게 하였습니다. 그래서 그가 태극권에 관한 책에 추천의 글이 필요하다는 소식을 듣고 저는 자연스럽게 글을 쓰게 되었습니다. 태극권문화가 전 세계로 퍼져 나아가려면 송 선생의 관점은 매우 참고할 만한 가치가 있습니다.

저는 충심으로 태극권문화를 좋아하는 국내외 친구들이 모두 이 책을 소중하게 읽을 수 있기를 바라며, 서로 손잡고 태극권문화를 크게 발전시키고, 세상에 도움이 되는 태극권문화의 진정한 요체를 깊이 깨달을 수 있기를 바라는 것과 동시에 꼭 그렇게 될 수 있기를 바랍니다. 평생에 처음으로 추천서를 쓰다 보니 두서가 없으나 필을 거두어 황급히 마칠까 합니다. 여러분의 양해를 바랍니다.

2019. 1. 28. 대련에서 수홍

推荐文

宋锡佑先生邀请，让我为他的著作撰写推荐文，实为我之荣幸。我是一名太极拳武术教练，先后教过日本，美国，德国，俄国，韩国等诸多学员。在过往十几年的教学生涯中，宋先生绝对是其中给我留下最深印象的那一位。宋先生是韩国友人，也是一名成功的商务精英。从2008年开始，我先后教他传统太极拳、太极剑和国际太极拳，太极剑竞赛套路。在他学习的过程中，我从他的身上也同样受益匪浅。

宋先生是土生土长的韩国公民，自幼接受的都是正统的韩国文化教育，那么站在他的角度，他所看待我中华传统文化的方式就非常值得思考。中国和韩国自古一衣带水，文化方面也颇多近似之处。到了近代两国又共同经历了从被列强欺压直至翻身奋进最终进入世界先进行列的过程。之所以我们两国能够在一众亚非拉国家里脱颖而出，除了现代的科学技术所带来的变革之外，中国和韩国所共同秉承的东方文化恐怕也是关键的基因。

很欣慰，无论是中国还是韩国，大家都没有在现代化的浪潮中迷失，我们都紧紧把握着我们的"根"。太极功夫是中国的，也是世界的。宋先生跟随我学习太极武术的过程中，我屡屡能够感受到太极文化的魅力是不分国界的。宋先生受过高等教育，同时精通中、韩两国的文化，这也赋予了他更高的视野，和更理性、更客观的判断。我们在教学之余经常促膝长谈，他对于许多人和事的分析、见解让我常有恍然大悟之感，这些感悟也间接地影响了我之后的教学理念，甚至在一定程度上改变了我生活中的思考方式。所以，听闻他要撰写一本关于太极功夫的书，我觉得是顺理成章、水到渠成之事。若要将太极文化推广到全世界，宋先生的观点极具参考价值的。我也由衷希望所有喜爱太极文化的国内外朋友都能够拜读本书，能够从中参悟太极文化的真谛，能够携手将太极文化发扬光大，造福人间。

平生第一次写推荐文，千头万绪不知所谓，思至笔落匆忙成章，愿博君一笑耳。

2019. 1. 28. 于大连　　苏宏

*수홍(苏宏)은 중국 대련 시에 거주하며 여러 국가에서 온 제자들을 가르치며 태극권을 전 세계에 보급하는 일에 앞장서고 있다. 1급 교련, 국가 1급 심판이며, 공인 6단이다. (5단부터는 고단위로 국가에서 관리한다.) 지난 20여 년간 스스로도 4개의 국제대회에 참가해서 9개의 금메달을 수상하였고, 제자 중에서는 처음으로 저자가 무술대회에 참가하여 금메달을 수상한 이후로 저자를 포함하여 18명의 제자가 국제대회 등에 참가하여 모두 40개의 금메달을 수상하였다.

〈차례〉

1장 태극권에 대하여

1장
태극권에 대하여

왜 태극권을 수련해야 하는가?

왜 태극권을 수련해야 하는가?

중국에 가보면 전국 어느 도시 할 것 없이, 광장이건 공원이건 가리지 않고, 심지어는 조그만 아파트단지의 공터에만 나가도 아침이면 많은 사람들이 모여 태극권을 수련하는 모습을 볼 수 있다.

줄을 맞추어 조용히 서 있던 사람들이 발을 벌리고 두 손이 움직이기 시작하여 부드러운 동작을 끊임없이 이어 가는데, 몸의 긴장을 풀고 느리게 움직이면서 마음과 몸이 하나로 조화를 이루어 신체 건강은 물론 마음도 단련되는, 즉 심신을 함께 단련시키는 모습을 보면 '움직이는 선'이라고 하는 태극권이 무엇인지 저절로 알게 된다.

적게는 대여섯 명이 모여서 함께 하는가 하면, 많게는 이삼십 명이 줄을 맞춰 서서 스피커에서 나오는 음악에 맞추어 느릿하게 움직이며 맨 앞에 리더로 보이는 사람과 일사분란하게 같은 동작을 한다.

우리는 무예, 일본에서는 무도라고 하는 무술을 중국인들은 국술(國術)이라고 말한다.

옛날부터 중국인들은 무술을 좋아하였다. 오랜 역사 속에서 수많은 전쟁을 통해 생존경쟁을 겪은 중국 사람들은 본능적으로 상무정신을 가질 수밖에 없었고, 누구나 무술 한 가지쯤은 기본적으로 수련하는 생활이 몸에 배어 있다고 한다.

심지어 검에는 어떤 신령한 기운이 있다고 믿어, 악귀를 쫓거나 병을 치료하는 데도 효험이 있다고 생각하기도 한다. 고대 무덤에서는 예외 없이 부장품으로 검이 출토되고 있는데, 함께 묻은 검이 망자를 지켜준다고 믿기 때문이다.

일설에는 부장품으로 함께 묻힌 검들은 녹이 슬어 붉은 빛을 띠게 되는데, 이는 사람의 피를 상징하는 색으로 역시 악귀를 막아주고 망자의 혼을 지켜주는 신령함이 있기 때문이라고 해석하기도 한다.

이유야 어찌 되었든 중국인들의 무술에 대한 사랑은 각별하여, 현대전의 양상으로 볼 때 전투용으로서의 용도가 전혀 없을 뿐더러, 법규상으로 남들과 치고받고 싸우는 일이 허용될 수 없다는 점을 고려해도 그렇고, 치안 상황을 고려해 볼 때 호신용으로도 별반 쓸모없어 보이는 무술을 거의 전 중국인들이 어려서부터 익히는 것을 보면 좀 유별나다는 생각이 든다.

그 중에서도 태극권에 대한 애정은 특별해서 1년 365일 내내 아침부터 태극권 수련하는 모습은 중국 어디를 가든지 흔하게 볼 수 있다.

몇 년 전에는 대형 광장에 일만 명의 중국인들이 모여서 함께 '24식간화태극권'을 시연하는 장관이 연출되었으며, 중국인들의 소득수준이 높아짐에 따라서 태극권을 수련하는 인구도 날로 늘어나고 있다.

이런 사정은 해외에서도 크게 다르지 않다. 오늘날 중국뿐만이 아니고 많은 국가에서 태극권을 수련하는 인구가 점차 늘어나고 있어서, 전 세계적으로 약 1억 명 이상이 태극권을 수련하고 있다고 한다.

특히 호주의 폴 램이라는 가정의학과 의사는 관절염 태극권, 골다공증 태극권, 당뇨 태극권 등의 프로그램을 개발하여 여러 국가의 의학협회로부터 후원을 받으며 전 세계로 보급해 나가고 있다.

국내에서도 많은 지방자치단체들이 앞 다투어 태극권을 보급하고 있다. 많은 지자체 보건소에서 태극권을 보급하기 위하여 폴 램 박사의 관절염 태극권 프로그램을 운영하고 있으며, 그 숫자도 꾸준히 늘고 있다.

보건소뿐만이 아니라, 각 복지관이나 문화센터 등에서도 태극권 강좌를 도입하는 곳이 증가하고 있으며, 신문에서도 태극권과 관련된 기사가 사흘이 멀다 하고 실리는가 하면, 방송에서도 자주 태극권을 소개하는 뉴스나 건강 프로그램을 심심치 않게 볼 수 있다.

이에 맞추어 태극권의 효과에 관한 의학적 연구가 외국에서뿐만 아니라 국내에서도 수행되고 있으며, 태극권이 어떤 질병을 예방하거나 치료 효과가 확인되었다는 연구 결과가 속속 보고되고 있다.

무엇이 현대인들을 태극권에 열광하도록 만드는 것인지, 태극권의 어떤 점들이 그토록 많은 사람들의 관심을 끄는 것인지는 아직도 논란의 여지가 많고, 규명해야 할 내용도 상당부분 남아 있다.

그럼에도 불구하고 대부분의 사람들은 태극권이 건강에 좋을 것이고, 삶의 질을 높이는 효과 있으리라는 기대를 가지며, 실제 수련에 참가하는 사람도 늘어나고 있음은 분명하다.

건강 관련 전문가들이 앞 다퉈 이야기하는 현대인의 힐링이나 웰빙에는 요가와 더불어 태극권에 대한 언급이 빠지는 법이 없다. 그런 측면에서 건강 전문가가 아니라도 건강한 생활로 삶의 질을 높이길 희망하는 일반인들로서는 꼭 태극권의 효과에 대한 과학적인 증거를 찾기보다는, 기왕에 해야 하는 운동이라면 태극권이 건강에 해롭다는 증거가 없는 한 다른 운동보다 수많은 장점을 지니고 있는 태극권을 수련하는 것이 가장 효과적인 투자가 될 것이다.

2019년 1월 16일자 매일경제신문에는 '피로사회 대한민국은 몸이 아닌 뇌를 푹 쉬게 해야 한다'는 한국자연의학종합연구원장인 이시형 박사의 주장이 실렸다. 이시형 원장은 한국인의 뇌 피로 원인으로 스트레스, 급격한 사회변화, 나이에 따른 위기감 등을 꼽았는데, 요가나 태극권 같은 운동과 다른 사람에 대해 감사하는 마음, 일상생활에서의 소소한 감동 같은 것들이 효과가 있다고 설명하고 있다.

한편으로는 현대인들이 이런저런 환경에 노출되어 건강을 잃기 십상이라며 주의할 점을 열거하는가 하면, 다른 한편으로는 어떤 환경에서 살아야 한다는 주장도 한두 가지가 아니다.

어떤 운동이 어디에 좋기 때문에 그럴 때 어떤 운동을 해야 하는지에 관한 정보도 적지 않아서, 그 중 어떤 것이 정말 옳고 중요한지 판단하기가 쉽지 않은 일이다.

TV를 틀기만 하면 거의 하루 종일 건강에 좋다는 온갖 방법들이 방송되고 있다. 이른바 전문가를 자처하는 사람들이 출연해서 특정한 건강식품이 어디에 좋다면서 주기별로 마치 만병통치의 효능이 있는 것처럼 소개하면서 사람들의 관심을 끌고 있다.

이런 정보들을 잘 살펴보면 대체로 나타나는 공통의 내용들이 있음을 알 수 있다. 현대인은 옛날과 달리 급변하는 생활환경의 영향을 받으며 극심한 경쟁과 누적된 피로로 인하여 과도한 스트레스를 받고 있으며, 이러한 스트레스는 면역력을 약화시켜 쉽게 감염이 되거나 이상 반응을 일으켜 많은 질병에 노출되어 있을 뿐 아니라, 과거에는 없던 새로운 병들에 걸릴 수 있다고 설명한다.

그러다 보니 스트레스가 적절하게 관리되기보다는 그러한 정보들을 입수하고 판단하고 복잡한 절차를 걸쳐 구입해서는 며칠 먹다가 마는 일을 반복하고 있다. 더 큰 문제는 건강식품을 맹신하다 오히려 적절한 치료를 받을 기회마저 박탈당하는 일도 일어나고 있다.

일부는 운동을 통해 멋진 몸매를 만들면 건강은 저절로 확보된다고 보장하기도 한다. 이 주장에 잘못된 점은 없겠지만, 대부분이 어디에 좋다는 운동을 소개하면서, 오랜 기간 꾸준히 따라하면 효과를 볼 수 있다고 주장하고 있으나, 그런 운동이 재미있을 리가 없고, 혼자 할 수 있을 만큼 열정을 내기도 쉽지 않기 때문에 같은 운동을 두 번 이상 했다는 사람을 만나기가 쉽지 않다.

이런 실정에서 태극권이 건강에 좋다는 것이 점점 더 많은 사람들의 관심을 끌고 있으며, 태극권의 의학적 효과에 대한 연구 결과들이 발표되는 가운데 더 많은 사람들로부터 인정을 받고 있는 것이 어찌 보면 당연한 결과라고 하겠다.

태극권의 효과

(1)태극권과 관절염

태극권은 다른 운동과 달리 인체에 충격이 적은 저강도(低强度)의 전신운동으로서, 동작이 느리고 부드럽게 연결되는 연속적인 운동이다. 최근 태극권의 이러한 동작원리가 어떠한 질병에 효과가 있는지와 관련하여 국내외를 막론하고 많은 연구가 진행되고 있다.

우리나라는 65세 이상 인구가 총 인구에서 차지하는 비율이 2017년에 14.2%를 돌파하여 고령화 사회에서 고령사회로 진입했다(통계청, 2017). 급속한 고령화로 각종 퇴행성 질환과 면역력 약화로 생기는 질환이 크게 늘고 있어 이에 대한 효과적인 관리의 중요성이 부각되고 있다. 신체적 기능상태의 저하는 노화의 가장 뚜렷한 변화로서, 퇴행성관절염은 노인들에게 가장 흔한 만성질환이다.

호주의 가정의학과 의사인 Paul Lam은 1997년 손식 태극권을 바탕으로 관절염 태극권(Taichi for Arthritis)을 만들었다. 관절염 태극권은 다른 형식의 태극권과 달리 무릎을 많이 굽히지 않고 보폭을 작게 하여 움직이기 때문에 관절염 환자에게 무리가 없어 안전하게 적용될 수 있으며(Paul L., 1998), 우리나라에서는 2001년부터 관절염 환자의 운동 프로그램으로 활용되고 있다(송라윤, 2001).

2001년~2008년 간 국내에서 보고된 관절염 태극권 연구에 대한 문헌을 분석한 결과 모든 연구에서 관절염 태극권이 류마

토이드 관절염이나 퇴행성관절염 환자의 통증치료와 함께 하지 근력을 증가시키며, 유연성 등에 도움이 된다고 발표하였다(황의형 외, 2008). 또한 만성 골관절염을 앓고 있는 60세 이상의 여성을 대상으로 관절염 태극권을 실시한 후 관절 통증의 전후를 비교하였는데 단순히 무릎의 골관절염에 대한 통증감소 효과뿐 아니라 전신 관절에서 통증감소 효과가 있다고 보고하였다(황의형 외, 2010).

백명화(2004, 2005)는 그의 연구에서 태극권이 골관절염 환자의 유연성, 지각된 건강 상태 및 일상생활 활동능력의 증가와 통증감소 효과를 보였고, 퇴행성관절염 환자의 관절(척추관절, 팔꿈치관절, 무릎관절, 발목관절) 유연성 증가에 효과가 있다는 결과를 밝혔다.

또한 김철민 등(2000)은 태극권이 폐경 여성의 골밀도 저하를 예방하고 심폐 지구력과 근력, 근지구력, 평형성 등 체력을 향상시키는 데 효과가 있다는 연구결과를 발표하였다.

태극권에서는 기본적으로 태극보를 사용하여 이동을 한다. 태극보는 무릎을 살짝 굽힌 채로 걸음을 걷는 보법으로, 상체를 바로 세우고 머리의 높이를 일정하게 유지하면서 무릎을 굽힌 상태에서 발을 땅에 스치듯이 발걸음을 옮긴다.

체중 이동이 완전히 된 상태에서 온전히 허벅지 근육만으로 움직여 다음 걸음을 떼기 때문에 허벅지 근육을 단련시키고, 그 결과 허벅지가 무릎에 걸리는 하중을 분담하여 무릎에 충격을 주지 않으면서도 관절을 강화시킴으로써 관절염의 예방과 치료에 효과가 있을 것으로 판단된다.

(2)태극권과 고혈압

태극권을 처음 배우기 시작할 무렵, 사부는 *기침단전(氣沈丹田)을 설명하면서 '고혈압의 원인은 상화(上火)에 의한 것으로, 기(氣)가 가라앉지 못하고 위로 올라와서 혈압이 오르는 것이니 기를 단전으로 가라앉히면 혈압도 가라앉는다.'고 상식과는 다른, 다소 받아들이기 힘든 이야기를 하였다.

*기침단전(氣沈丹田) : 기를 단전으로 가라앉힌다. 단전은 배꼽 세 치 아래 한 치 깊이에 있다.

초기 수련을 할 때 가장 많이 들었던 지적이 '천지엔(沈肩, 어깨를 낮춰라)'이었다. 동작을 할 때마다 습관적으로 어깨를 올리는 버릇이 있어 수없이 어깨를 낮추라는 말을 들었다. 동작이 익숙하지 못해 긴장을 하게 되고 그 결과로 어깨가 올라가는 현상으로 나타나는 것이다.

사부는 기를 가라앉히지 못하기 때문에 위로 올라온 기가 어깨를 올리므로 어깨를 낮추면 기도 가라앉고, 기침단전에 따라 혈압도 내려간다는 주장이다.

모든 태극권 선생들이 태극권이 혈압을 낮춘다고 주장한다. 그분들이 태극권의 혈압 강하 효과에 대한 실험을 했을 리는 없을 것이고, 자신의 사부에게 들은 말과 오랜 수련을 통해 깨달은 결과로 알고 있기 때문이다.

최근 여러 연구에서 태극권 운동이 혈압과 혈중지질에 긍정적인 영향을 미친다고 보고되었다(김정하, 2014 ; 김성운, 김한철, 김우철, 2016 ; 황의형, 허광호, 이금산, 2013 ; Larsen & Matchkov, 2016).

김정하(2014)는 태극권 수련이 스트레스로 인해 발생하는 자율신경계 변화 및 혈압에 긍정적인 영향을 미칠 수 있다고 했으며, 김성운 등(2016)은 장기간의 태극권 운동이 고혈압 여성의 혈압, 심박수 관련 변인 및 혈중지질 수준에 긍정적인 영향을 미친다는 것을 보고하였다.

이은남(2004)은 6주간의 태극권 운동이 경증과 중등증본태성 고혈압 환자에게 긴장 이완의 효과를 가져와 혈압을 하강시키는데 효과적이라고 밝혔다.

중국의 왕소운(王김運), 유대년(劉大年), 공덕중(孔德衆) 등은 장기적으로 태극권을 운동하면 골격과 근육, 운동 계통에 양호한 효과가 있고, 이완 자연, 의와 기가 서로 합하여 잡념을 배제하는 것을 강조하여, 피질 형성에 대한 일종의 좋은 자극으로 노인성 동맥경화로 인한 고혈압의 치료와 예방에 가장 이상적인 운동이며, 강도가 적당한 동력성 운동으로 노인 안전에 효과 있는, 신체를 건강하게 하는 방법이라고 발표했다(김성진 역, 2002, 재인용).

이와 같이 노인들에게 있어 태극권 운동이 안정적이며, 상해예방과 동시에 혈압, 심박수 관련 변인 및 혈중지질을 개선시킬 수 있는 효과적인 최적의 운동임을 알 수 있다.

(3)정신건강과 치매

노인들은 노화로 인해 자세의 변화를 야기하고 굽어진 자세와 신체적 기능의 퇴행은 심리적 변화에 큰 영향을 미칠 수 있다. 특히 중년 여성은 노화현상이 나타나면서 폐경과 함께 갱년기 증상을 경험하여 신체 전반에 걸쳐 변화가 일어난다. 이러한 노화로 인한 변화를 지각하면서 불안을 느끼게 되고 생활의 부적응과 정서적인 장애를 일으킴으로써 개인의 적응과 행복, 정신건강 등에 영향을 미친다(김영구, 윤규현, 2004).

또한 노인 인구가 증가함에 따라 노인 치매 발병률도 높아지고 있다. 노인 치매는 뇌기능 장애가 원인으로 인지능력과 일상생활 능력을 저하시키고 있다.

이러한 질환을 예방하고 관리할 수 있는 방법은 규칙적인 신체활동이나 스포츠 활동을 하는 것이다. 운동은 남녀노소 모두에게 신체적 건강뿐 아니라 이로운 감정적 효과를 유발한다.

태극권은 무게중심을 천천히 이동시키고 부드러운 동작으로 구성되어 있어 신체에 무리를 가하지 않으며 장소에 구애받지 않고 특별한 기구가 필요하지 않으며 온몸을 이완시키고 머리에서 허리까지를 곧게 세우는 것을 강조함으로써 신체적인 면과 정신적인 측면을 함께 다루는 수련이라고 할 수 있으며(Lee, 2004), 노인의 신체기능뿐 아니라 삶의 질 및 우울과 같은 사회심리적인 면에 대해서도 효과가 있다고 알려져 있다(강현숙, 박미진, 오이택, 정용, 2005 ; Cheng, 2007).

최환석(2016)은 태극권의 명상효과와 이완 기법을 바탕으로 한 태극권의 효과에 대한 특강을 통해 태극권의 정신건강에 미치는 장점을 설명하면서 태극권이 과학적이며 의학에 속한다고 설명하고 있다.

최광희(2017)는 태극권이 다른 일반 치료들에 비해 피로도 감소 외에 삶의 질, 수면의 질, 우울감 등에 긍정적인 효과를 주는 것으로 밝혔다.

강현숙 등(2005)에 따르면 중년 여성들에게 태극권 수련은 심리적 행복감에 긍정적 영향을 미치므로 비활동적 여성에 비해 몰입감, 자아 실현감 및 자신감이 높은 것으로 보고하였다.

태극권 운동은 여성 치매 노인들의 건강기능 체력을 향상 또는 유지시켜 주며 인지기능을 향상시켜 줌으로써 치매 노인들의 삶의 질 향상을 위해 적극적으로 권장할 수 있는 효과적인 심신 수련 운동이다(김경래, 배성제, 서한교, 2018 ; 오산산, 강동근, 계홍경, 박정준, 2015).

최근 한의사협회는 각종 연구결과와 학술논문을 근거로 태극권이 치매 예방에 효과가 있다고 발표하였다. 그러자 대한의사협회 회장은 "태극권이 치매에 효과가 있다면 취권이나 영춘권, 다른 권법들, 화타 *오금희도 효과가 있을 것 같다."며 한의계의 '태극권' 발언을 정면으로 비판했다.

*오금희 : 五禽戲, 중국의 화타가 다섯 가지 동물의 모양을 본떠서 만든 도인체조

그리고 며칠 동안 한의사협회와 대한의사협회 간에 태극권의 치매에 대한 효과가 입증되었네, 안 되었네 하며 논쟁을 벌이다가 양쪽 모두 국민들의 비판을 받고는 일단 잠잠해졌다.

앞에서도 몇 건의 연구결과를 예로 든 것처럼 실제로는 국내외적으로 태극권의 치매에 대한 효과 여부를 밝히기 위한 연구가 상당 부분 이루어졌으며 긍정적인 효과가 있다고 결론을 내리고

있다. 무엇보다 치매를 예방하기 위해서는 두뇌를 사용하는 활동을 하고, 혼자 있기보다는 가족이나 친구 등 좋은 사람들과 즐거운 시간을 가지며, 밝고 쾌적한 곳에서 차분하고 가벼운 운동을 하는 여유 있는 생활을 통해 스트레스를 줄여야 한다고 알려져 있다.

그래서 오늘도 많은 노인들이 공원에 나가 산책을 즐기고, 남들과 더불어 살기를 희망하며 친구들과 모여 하다못해 고스톱을 치는 한이 있어도 두뇌를 쓰는 놀이를 통해 여가생활을 즐기고 있는 것이다.

그 어떤 점을 비교하더라도 이웃 노인들과 모여서 고스톱을 치기보다는 넓고 쾌적한 공원에라도 나가서 맑은 공기를 마시며 태극권을 하는 편이 치매 예방에 좋으리라는 것은 누구라도 알 수 있다. 결론적으로 국내외의 연구에서 치매효과가 있다고 했으니 위의 논쟁은 별 의미가 없을 것으로 판단된다.

(4)그 밖의 질병과 태극권

최동원 등(2008)은 파킨슨병 환자에게 태극권은 활동성과 심리적 상태를 향상시킬 수 있는 보조적인 치료요법으로 파킨슨병 환자의 대응능력과 자기간호 활동을 증진시키는 자기효능감과 삶의 질을 향상시키는 데 효과적이었음을 확인하였다.

최정현 등(2003)에 따르면 노인들에게 태극권 운동은 슬관절 굴곡근과 족관절의 근력을 증진시켰고, 의자에서 일어섰다 앉기 소요시간을 단축시켰으며, 균형감과 낙상 변수에 효과적이어서 낙상위험 노인의 신체적 심리적 기능 향상에 도움을 주는 간호

중재 방법이라고 밝혔다.

세종병원 재활의학과에서는 만성질환자의 운동 치료 요법으로 *타이치 프로그램을 도입하였다.

*타이치 : Taichi, 태극을 중국에서는 타이지, 영어로는 타이치라고 발음

특히 당뇨병 환자의 혈당조절에 필수인 운동은 무리하게 운동을 하거나 잘못된 방법으로 운동을 할 경우 부상 등의 부작용이 생길 수 있다. 태극권은 부드럽게 움직여 몸에 무리가 가지 않으면서도 동작이 크고 천천히 움직이기 때문에 유산소 운동의 효과가 커지며 시속 6km의 속도로 걷는 것과 같은 운동효과가 있다고 한다.

또한 타이치가 만성질환자에게 좋은 점은 자신의 체력에 맞게 강도를 조절할 수 있으며 일정기간 배우면 장소나 운동기구에 구애받지 않고 스스로 운동할 수 있다. 따라서 유산소 운동과 근력운동을 동시에 할 수 있는 운동으로 당뇨병 환자에게 많이 권장되고 실제 혈당조절에도 많은 도움을 주고 있다.

태극권 운동은 느리고 부드러운 동작이라 운동 부상이 거의 없어 중장년층의 건강증진을 위한 적절한 운동으로 많은 관심을 갖고 있다. 이러한 운동 특성은 노인뿐 아니라 성장기 아동이나 청소년들의 신체에도 무리를 주지 않으면서 체질을 강화시키고 심리 및 정서적 측면에서도 의미 있는 영향을 미치는 운동이다.

여기까지 읽다 보면 마치 태극권이 경로당에서나 하는 노인 운동쯤으로 오해를 받기 좋을 법하다. 언급된 연구결과들이 전부

노인과 갱년기 여성 혹은 아무리 젊다한들 중장년의 환자들을 대상으로 한 연구들이기 때문이다.

앞에 설명된 관절염, 고혈압, 당뇨, 치매 등이 노인들에게서 나타나는 질병들이지, 어리거나 젊은 청년들에게 그런 증상들이 나타날 리가 없고, 걸리지도 않을 질병들을 대상으로 연구를 할 사람은 없을 것이다.

그러나 태극권이 꼭 노인이나 갱년기의 중년여성들뿐만 아니라 젊은 사람을 비롯한 전체 연령층, 특히 어린이들에게 좋은 효과가 있다는 연구 결과들도 다수 발표가 되어 사람들의 주목을 받고 있다.

박재홍, 이강헌(2000)은 초등학교 5학년 남학생 80명을 대상으로 실험을 실시하여 태극권 수련이 초등학교 학생들의 자아개념과 자기 존중감 및 자기 신체평가 수준을 향상시킨다는 연구 결과를 발표하였다.

김성운, 김한철(2014, 2015)은 태극권 프로그램이 지적장애 청소년들의 바람직한 신체구성을 만드는 데 긍정적인 영향을 미치고 있으며 태극권 프로그램을 통한 신체활동량 증가는 지적장애 청소년의 전반적인 신체발달과 심폐지구력, 근지구력, 유연성 등 체력 요인들을 향상시켰다는 것을 보여주었다.

또한 태극권은 결핍된 지적장애아동의 주의집중력을 향상시키며 태극권 운동을 통한 SMR파 증가와 H-Beta파 감소는 뇌 기능의 강화와 대뇌의 각성 수준을 낮춤으로써 주의집중력을 향상시켰다고 보고하였다.

그런가 하면 계홍경 등은(2015) 태극권 운동이 ADHD 소아·청소년의 주의집중력과 동적 균형능력을 향상시키므로 ADHD소아·청소년의 주의집중력 향상을 위한 치료 목적으로 활용될 수 있음을 보고하였다.

이 연구결과들을 보면 태극권이 노인들에게만 효과가 있는 것이 아니라 남녀노소를 불문하고 고른 효과를 볼 수 있다는 사실을 알 수 있다. 나이를 먹고 각종 질병에 걸렸다면 물론 그 질병을 완화시켜 줄 대책을 마련하는 것도 중요한 일이지만, 나이를 먹더라도 노인성 질환에 걸리지 않도록 사전에 예방하는 일이 보다 더 중요하고 효율적인 방법이다.

젊어서부터 태극권 수련을 통하여 건강한 몸으로 알찬 젊은 시절을 보내고 나서, 나이를 먹은 후에도 활기차고 건강한 노년을 보내면서 안락한 생활을 누리는 것은 꼭 개인의 행복을 위해서뿐만 아니라 국가와 사회의 안전망을 확보한다는 차원에서도 진지하게 검토해야 할 과제라고 생각한다.

경영자가 잊지 말아야 할 것들이 한두 가지가 아니겠지만, 저자는 무엇보다도 경영자는 최악의 상황을 염두에 두고 대비책을 마련해 놓아야 한다는 것이다.

이를 *리스크 헷지(Risk hedgy)라고 하는데, 다시 말해 위험을 분산시켜 떠넘길 수 있는 준비를 해야 한다. 흔히 '계란을 한 바구니에 담지 말라.'는 격언과 일맥상통하는 말이다.

*리스크 헷지(Risk hedgy) : 위험, 특히 금전 손실을 막기 위한 대비책

한편 네덜란드의 에너지 기업인 로열 더치 셸(Royal Dutch Shell)은 1970년대에 두 차례의 오일쇼크를 예측하고, 어떻게

대응할지 시나리오를 만들고 대비하였다. 실제로 오일 크라이시스(oil crisis)가 닥쳤고, 다른 회사들이 우왕좌왕하는 동안 셸은 미리 준비한 각본대로 일사분란하게 대응함으로써 업계 7위에 불과하던 회사를 단숨에 2위의 자리에 올려놓을 수 있었다. 이를 계기로 경영학에서는 '시나리오 경영'이나 '시나리오 예측기법'과 같은 분야가 개발되었다.

꼭 들어맞는 사례는 아니지만, 비록 태극권의 효과에 대한 연구들이 주로 노인들을 대상으로 이루어졌다 하더라도, 젊어서부터 건강에 대한 준비(시나리오)를 하고 태극권을 꾸준히 수련한다면 나이 들어 뒤늦게 질병을 치료하겠다고 허둥대는 위험을 사전에 대비(Hedgy)할 수 있을 것이다.

젊어서 운동을 백안시하던 저자는 과체중으로 고혈압과 중성지질이 비정상적으로 높아 고지혈증 약을 복용하였으며, 당뇨 전 단계라는 진단을 받았고, 엄지발가락 첫마디와 일부 손가락에 미약하기는 하나 통증을 느끼고 있어서 통풍을 걱정하는 처지였다. 유전적으로도 당뇨, 고혈압, 고지혈증 등이 늘 걱정일 수밖에 없었다.

그러나 태극권을 수련하기 시작하고 나서 어느 순간인지 통풍 초기 증상이 사라졌다. 물론 통풍에 해가 된다는 음식을 삼가기는 했지만 하루도 빼놓지 않고 태극권을 수련한 덕분이라고 생각한다.

당뇨는 특별히 수치가 좋아진 것은 아니지만 십년 넘게 당화혈색소 수치가 유지되고 있다. 거의 90킬로에 육박하던 체중은 10킬로 이상 빠졌고, 혈압도 낮아졌으며, 전에는 약을 먹어도 줄지 않던 중성지질 수치 역시 정상 수준이 되었다.

저자의 경험을 봐도 그렇고, 태극권과 관련된 다양한 연구들에서도 알 수 있듯이 태극권은 노인이나 소아·청소년들 모두에게 효과적인 운동으로, 근골격계, 심혈관계, 균형과 자세, 유산소 운동 효과를 가지므로 만성질환 및 당뇨병, 고혈압, 비만, 골다공증 등의 생활습관 병이 있는 환자를 비롯하여 관절계 질환자와 운동능력 향상을 원하는 사람들에게 도움이 되고 있음을 알 수 있다.

　이와 같이 태극권이 거의 만병통치에 가까울 만큼 다방면에 걸쳐 효과적이며, 건강을 지키는 데 있어 다른 무엇보다도 가성비가 높은 좋은 방법이라는 사실은 누구도 감히 반박하거나 부인할 수가 없을 것이다.

　이명찬, 사희수, 금경수 등은 〈태극권24식이 건강에 미치는 영향에 대한 소고〉라는 논문에서 태극권의 효과에 대해 '황제내경'과 '황정경'의 내용을 바탕으로 24식 태극권의 각 동작이 건강에 미치는 영향을 각 동작별로 상세하게 설명하였다(2009).

태극권의 장점

　지금까지 언급한 내용만 읽는다면 마치 태극권이 무슨 질병을 치료하는 요법이라도 되는 것처럼 여겨질 것이다. 태극권이 건강에 어떤 효과가 있는지를 밝힌 연구결과들만 계속해서 나열했기 때문이다.

　그러나 정작 태극권의 효과는 그러한 질병의 치료효과에만 있는 것이 아니다. 물론 일반적으로 사람들이 운동을 하는 목적이 건강을 지키고 질병을 예방하는 목적도 있지만, 가장 일차적인 목적은 재미가 있고, 운동을 통해 쾌감을 느낄 수 있으며, 그 쾌감이 마약에 비견할 수 있을 정도로 크다는 것이다.

더군다나 태극권이 건강에 좋다는 사실은 꼭 어떤 질병에 걸린 환자가 아니라 건강한 사람에게도 중요한 문제다. 태극권을 수련함으로써 건강에 대한 자신감을 바탕으로 충실한 하루하루를 지내는 것보다 더 값진 일이 무엇이 있겠는가?

게다가 태극권을 수련하면서 차분히 자신의 내면을 들여다보면서 심신의 안정을 얻고 일상의 번잡함을 잠시 잊으며 마치 휴식을 취한 것처럼 편안함을 얻을 수 있다는 장점이 있다.

무엇보다도 태극권은 재미가 있다.

거의 모든 운동이 재미가 있겠지만 많은 운동들이 경기라는 방식을 취하고 있으며, 경우에 따라서는 거의 도박에 가까운 내기를 수반하는 경우가 많다. 모든 사람이 다 그렇지는 않겠지만, 남과의 경쟁에서 진다는 것은 별로 유쾌한 일이 아니며, 이 역시 스트레스를 풀기 위해서 한다는 운동이 도리어 스트레스를 받는 일로 되어 버리는 경우도 흔하다.

그러나 태극권이라면 그런 걱정이 없다. 수련을 하는 과정 과정마다, 스스로의 몸을 통해 나타나는 미묘한 변화들을 느껴 가면서 자신의 기량이 수련을 통해 조금씩 늘어가는 재미는 그 어떤 운동에서도 느낄 수 없는 태극권만의 효과라고 할 수 있다.

다른 운동과 달리 천천히 움직이는 태극권은 몸에 무리가 가지 않기 때문에 운동으로 인한 부상 등의 부작용이 전혀 없다. 남녀노소 구분 없이 누구나 쉽게 부담 없이 즐길 수 있으면서도, 근력을 키우고 관절을 강화시키고, 지구력과 심폐기능을 향상시킬 수 있다.

골프 같이 비용이 많이 드는 운동은 차치하고라도 동네 뒷산에 산책을 가더라도 수백만 원에 달하는 복장과 신발을 구매해야 한다고 농담을 한다. 집 앞 공원에 가서 배드민턴을 하더라도 회원가입에 상당한 비용이 들고, 기존 회원들의 동의를 얻어야 참여할 수 있다.

그러나 태극권을 수련하기 위해 특별한 준비를 할 필요는 없다. 태극권 수련복이 있기는 하나 그 복장이 헐렁하기 때문에 태극권을 수련하기 편해서 입는 것이지 태극권 수련복을 입어야 수련을 잘할 수 있는 것은 절대 아니다. 그저 헐렁한 옷 한 벌과 가벼운 신발을 준비하는 것만으로도 충분하다.

태극권은 좁은 곳에서도 수련할 수 있다는 장점이 있다. 골프를 치기 위해서는 50만 평의 공간이 필요하고, 단체로 하는 축구도 넓은 운동장을 필요로 한다. 테니스는 단 두 명이 시합을 해도 상당히 넓은 면적을 차지해야 한다.

태극권은 장소에 구애됨이 없이 약간의 공터만 있으면 넉넉하게 수련할 수 있다. 심지어 겨울이나 비가 내리는 악천후에는 집안 거실에서도 수련할 수 있도록 좌우로 한 발자국만 움직이면 수련할 수 있는 8식 태극권도 고안이 되어 있다.

무엇보다도 '움직이는 참선'이라고 하는, 운동과 정신수련을 동시에 함으로써 심신을 함께 안정시킬 수 있다는 점은 그 어떤 운동과도 비교할 수 없는 태극권만의 장점이다.

현대인의 스트레스를 해소시켜 주는 요법으로 요가 역시 태극권 못지않은 효과를 가져다주는 운동으로 항상 태극권과 함께 거론되고 있다. 그러나 요가의 근력 확보와 관절 강화 효과는 태극권에 미치지 못한다.

더구나 최근에 요가를 수련하는 남성이 꾸준히 늘고 있기는 하나, 아직도 여성에게 적합한 운동으로 인식되고 있을 뿐 활동적인 남성들이 수련하기에는 다소 싱겁게 느껴진다는 단점을 가지고 있다.

국선도 단전호흡은 태극권과 비슷한 효과를 볼 수 있는 훌륭한 운동이다. 단전호흡 역시 태극권의 장점들을 고루 갖추고 있고, 일정기간 수련을 하면 신체가 유연해지고 호흡이 안정되는가 하면 근력과 관절 강화에도 효과적이다. 실제로 단전호흡을 3~4개월만 수련하고 등산을 하면 이른바 '깔딱 고개'를 넘어 갈 때도 호흡이 거칠어지는 법이 전혀 없다.

그러나 실내에서 수련하는 국선도 단전호흡의 이러한 장점들도 실내외를 가리지 않고 어디서나 수련할 수 있는 태극권의 장점에는 미치지 못한다.

태극권은 적은 비용으로도 무리 없는 움직임을 통해 운동으로 인한 부상의 위험이 없이, 남녀노소 누구나, 시간과 장소에 구애받는 법 없이, 특별한 준비를 하지 않고도 지루하지 않게 즐길 수 있는 최상의 운동이라고 할 수 있다.

아침에 일어나 가볍게 몸을 푸는 준비운동을 한 다음, 알고 있는 태극권 투로 몇 가지를 수련하고 나면 등허리에 땀이 촉촉하게 배어 나오고 그야말로 사지백해가 편안해져서 심신이 함께 쾌적해지는데 세상 부러울 것이 없다는 생각이 들며 일상사가 하찮게 보여서 '아, 신선이 된다는 것이 이런 것이구나!' 하고 느끼게 될 것이다.

모든 운동이 그렇겠지만 태극권도 중독성을 가지고 있어서, 이런 맛에 태극권을 수련하게 된다. 컨디션이 좋지 않아 오늘 하루 쉴까 하는 생각이 들다가도, 어느 순간엔가 일어나 수련 터로 나가게 되는 것은 태극권만이 가지고 있는 장점이자 커다란 즐거움이다.

아침마다 태극권을 수련해서 차분하게 가라앉은 마음과, 번잡한 생각들이 말끔하게 정돈된 가벼운 머리와, 운동으로 더워져 화색이 도는 얼굴로 하루를 맞이한다면 만나는 어느 누군들 반갑지 않을 수 있겠는가?

그것이 진정한 태극권의 효과일 것이다.

태극권의 역사

태극권의 기원

태극권이 언제 만들어졌느냐에 대해서는 여러 가지 이견이 있다. 어떤 사람은 세 가지의 이설이 있다고 주장하는가 하면, 무당산이나 무당파와 관련이 있거나 또는 특정 문파와 이해관계가 있는 사람들은 오직 자신이 속한 입장에서만 기원을 설명하려고 한다.

이런 여러 의견을 종합해 볼 때 저자는 비록 진식에 속하는 사람이지만 대체로 두 가지 설이 유력하고, 그 두 가지 이설도 서로 연관이 있는 것으로 판단된다.

첫째로 원나라 말, 명나라 초인 원명(元明) 교체기에 도교 진인 장삼봉이 무당산에 살며 태극권을 만들었다는 설이다. 장삼봉은 원나라 말기 주원장을 도와 명나라를 건국하는 데 도움을 주었다고 전해지는 인물이다.

이 이야기는 민간에 널리 퍼져 전해져 오고 있으며, 아직까지도 소설 등에 인용되어 있기도 하고, 여러 차례 영화의 소재로 사용되었으며, 다양한 TV 드라마로 만들어져 몇 년을 주기로 반복 재생산되어 방송되고 있다.

한편에서는 중국 역사상 장삼봉이라는 도교(道敎) 진인이 적어도 세 사람은 되고, 그 셋이 서로 시대를 달리 한다고 하는가 하면, 심지어 그가 전설에 불과한 허구의 인물이라는 주장까지 있다.

그런가 하면 장삼봉이 실제로 존재했던 인물이고 도교의 진인으로 널리 알려져 있는 것은 사실이나, 세월이 흐르면서 마치 우리나라가 세상이 어지러울 때 미륵의 출현을 기다렸던 것처럼 장삼봉 진인의 행적이 확대 재생산되었다는 주장이 받아들여지기도 한다.

실제로 중국 무당산의 도사들은 태극권과 유사한 무술을 연마하고 있으며, 숭산의 소림사와 마찬가지로 그 인근에 수없이 많은 무술학교들이 운영되고 있다. 일설에는 무당산에서만 약 2만여 명이 무술을 배우고 있다고 한다. 무당산에는 태극권과 유사한 무술을 하는 수많은 문파가 존재하고, 그 중에 4대 문파는 공식적으로 인정을 받고 있다.

이와 같이 실제로 존재했던 장삼봉이라는 인물이 무당산에서 태극권을 만들었는지의 여부는 기록으로 확인할 길이 없지만, 무당산에서 수련되고 있는 무술이 태극권의 원류라고 할 수 있어, 그때까지의 무술 형태와는 다른 내가권 형태의 무술을 발전시킨 것이 확실하다고 인정되고 있다.

전해진 이야기에 의하면 젊어서 군보라는 이름으로 불리던 소림사의 상좌승이 어떤 연유에서인지 소림사를 떠나 천하를 주유하다 무당산에 들어가 도교로 개종을 하고 도관을 열어 도교 진인으로 불리게 되었다고 한다.

이 설화는 홍콩의 유력 신문 〈명보〉의 주필인 김용의 소설 『의천도룡기』 도입부에 쓰였고, 이연걸이 주연했던 〈태극권〉이라는 영화로도 만들어져 국내에서도 상영되고 세간에 태극권에 대한 관심을 일으키는 데 큰 영향을 끼쳤다.

두 번째로 태극권이 명조 말의 무장 진왕정(陳王廷)에 의해 만들어졌다는 설이 있다. 명말 군비토벌 등에 참여했던 진왕정은 이자성의 난으로 숭정제가 자살함으로써 끝내 명나라가 멸망하자 낙심하여 귀향을 하던 중, 어느 마을에선가 바둑을 두는 노인들 옆에서 어린아이 둘이 겨루는 모습을 보았는데, 그 방식이 특이하여 그 자신이 스스로 어린 아이들과 무술 시합을 하였으나 번번이 패하고는 괴이하게 여겼다.

훗날 그 기억을 더듬어 자신의 약점을 보완해 나가는 과정에서 나중에 태극권이라고 명명된 진가권13세라는 독특한 권법을 만들기에 이르렀다고 한다.

그러나 태극권이 진왕정에 의해 만들어졌다는 주장도 여러 가지 이설이 있다. 위에 언급된 내용만 해도 전설에 불과한 이야기로 태극권이 만들어진 기원에 어떤 신비감을 더하기 위해 나중에 조작된 이야기임이 분명해 보인다.

일설에는 진왕정이 아니고 그 선조인 진복이라는 인물에 의해 만들어진 권법이 가전으로 전해져 오다가 후손인 진왕정이 무장이 되어 이름을 얻게 되자 진왕정이 만들었다고 전해지기 시작했다는 주장이다.

이에 저자는 장삼봉이 만든 내가권이 그의 제자인 왕종남을 거쳐 장송계 등으로 전해지고, 척계광을 거쳐, 어떤 형태가 되었든지 무장으로 있었던 진왕정에게 전해져, 결국에는 진왕정에 의해 완성되었다고 생각한다.

이와 같이 태극권의 기원에 대해서는 의견도 분분하고 학설도 구구하여 어느 것이 맞는 주장이라고 단정하기 어렵다.

더구나 최근에는 오늘날 우리가 진식 태극권이라고 부르는 진가권은 현재의 태극권과는 형태가 많이 다르기 때문에 태극권이라고 할 수 없으니 태극권이 아닌 진가권이라고 불러야 마땅하고, 태극권이라는 것은 진장흥(陳長興)의 제자인 양로선(楊露禪)에 의해 만들어진 오늘날의 양식 태극권이 태극권이기 때문에 태극권을 만든 사람은 양로선이며, 양식 태극권만이 태극권이라고 주장하는 사람들이 있다.

그런 주장을 통해 얻는 것이 무엇인지는 짐작할 수 없으나, 이런 주장은 아마도 양식 태극권을 수련한 사람들과 관련이 있는 것으로 보인다.

그렇게 따지자면 태극권이라는 이름을 명명한 무우양(武禹襄)이 태극권을 만들었고, 무식 태극권만이 진정한 태극권이라고 주장하는 것이 더욱 타당하다고 할 수 있을 터이다.

오늘날 양로선이 했던 태극권이 정확히 어떤 형태였는지는 확인할 길이 없으나, 그의 둘째아들인 양반후 식의 태극권을 수련하는 사람들이 있고, 그 형태로 볼 때 진식 태극권과 양식 태극권의 중간 형태에 해당하여, 양쪽의 형식과 특징을 모두 갖추고 있는 것으로 보건대 진식 태극권에서 양식 태극권으로 변해가는 과정으로 생각된다. 일반적으로 양식 태극권은 양로선의 손자인 양징보에 의해 그 형태가 완성되었다고 한다.

진가구에서 만들어져 전해지던 무술은 태극권이라는 명칭이 아닌 진가권 혹은 면장, 진가권13세 등으로 불렸다. 훗날 양로선의 제자 격인 무우양이 왕종악의 태극권론을 읽고, 그 내용이 양로선에게 배운 권법의 특징과 일치한다고 여겨 권법을 태극권이라고 명명함으로써 태극권이라는 명칭을 얻게 되었다.

기본적으로 저자는 태극권이 붕, 리, 제, 안, 채, 열, 주, 고,

진, 퇴, 고, 반, 정 등 태극권13세라고 하는 기술을 바탕으로 하는 무술을 일컫는 말이므로, 태극권13세가 진식 태극권에서 시작된 만큼 진식 태극권을 태극권이라고 명명해야 하고, 따라서 태극권이 그 진식 태극권을 만든 진왕정에 의해 만들어졌다고 하는 것이 타당하다고 본다.

태극권의 생성 배경

사람들이 태극권을 수련하는 목적이 모두 같을 수는 없지만, 대체적으로 움직이는 참선이라고 일컫는 태극권 수련을 통해 스트레스를 줄여 심신의 안정을 얻고, 균형 감각을 향상시키며, 근력을 높여 다이어트는 물론 각종 성인병을 예방하는 등 건강증진을 꾀하기 위해서일 것이다.

무술이란 말 그대로 싸우는 기술을 말한다. 그런 무술은 궁극적으로 적과 싸워 이기는 데 그 목적이 있음이 분명하다. 이것이 꼭 상대방에게 상해를 입히는 것을 의미하지는 않으며, 상대방의 공격을 무산시킴으로써 상대가 어떤 방법으로도 나를 상하게 할 수 없다는 것을 분명히 인식시켜, 상대방의 공격의지를 꺾어 놓으면 그 목적이 달성된다고 볼 수 있다.

그 목적을 위해 무술은 근골피정기신(筋骨皮精氣神), 즉 근육과 뼈대, 피부는 물론 기와 정신을 단련시키는 것이라고 정의할 수 있다. 예전에는 근골피정기신, 즉 근육과 뼈대, 피부는 물론 기와 정신을 단련시키는 방법으로 이른바 소림권 같은 외가권 계통의 무술을 수련하여, 힘을 키우고 몸을 재빠르게 하는 단련에 주력했다.

근골피정기신을 단련한 바탕 위에 빠른 몸놀림으로 상대방의 공격을 피하여 무산시키고, 허락된다면 틈을 노려 허점을 파고 들어 상대방에게 타격을 입혀야 이길 수 있다. 최소한 내가 상해를 입지 않도록 해야 비길 수 있는데, 그러기 위해서는 상대의 공격 의도를 사전에 파악해야 조금이라도 일찍 움직여 공격을 피할 수 있다. 그러나 이런 무술은 몇 가지 약점을 지니고 있으며, 많은 경우에 그 약점이 치명적일 수 있다.

뉴튼(Isaac Newton)은 그의 저서 『프린키피아』에서 '시간에 따른 속도(방향을 띤 속력)의 변화율인 가속도(A)는 힘(F)에 비례하고 물체의 질량(M)에 반비례하기 때문에(즉, $A = F \div M$ 또는 $F = M \times A$), 힘이 클수록 가속도는 커지고 질량이 클수록 가속도는 작아진다.'고 힘에 대한 정의를 내리면서 그 이전의 역학을 근본에서부터 바꾸어 놓았다.

체중이 같은 사람이 더 큰 힘을 내기 위해서는 더 빠른 속도가 필요하고, 더 큰 동작을 취해야 한다. 즉 상대에게 큰 타격을 입히기 위해서는 큰 동작을 필요로 한다. 그러기 위해서는 상대방과 일정거리를 둔 채 상대방을 공격할 수밖에 없다.

그러나 상대방과 거리는 둔 채 동작을 크게 하면 결과적으로 더 긴 시간이 필요하고, 상대방으로 하여금 내 공격의도를 알아채게 해서 피할 수 있는 시간적 여유를 만들어 주며, 역으로 큰 동작을 취하느라 약점을 노출시켜 오히려 반격을 당할 가능성도 커지게 마련이라서 좋은 방법이라고 할 수가 없다.

그리스 신화에 *이카로스라는 인물이 나온다. 이카로스는 밀랍으로 새의 깃털을 붙여 날개를 만들고 하늘을 날게 되었다. 이카로스는 거기서 그쳤어야 하나, 계속 날아올라 태양 가까이 가는 바람에 밀랍이 녹아내려 추락사를 했다는 이야기의 주인공이다. 이카로스가 날개를 달지 않았더라면 날아오를 일이 없었을 것이고, 날아오르지 않았더라면 추락할 일도 없었을 것이다.

*이카로스 : 수성 안쪽에 있는 행성의 이름. 그리스신화에 나오는 인물로, 뜨거운 야망과 열정을 가지고 있는 사람을 뜻하기도 하고, 어리석은 인간의 헛된 욕심을 경계하는 뜻으로도 사용된다.

경영학에서도 '이카로스 패러독스'라는 이론이 있다. 기업이든 개인이든 어떤 장점에 의해 한 번 성공을 하면 그 장점을 과신하게 되고, 시장이나 상황이 변하는데도 과거에 집착해서 적응을 못 하고 도태가 되는 경우가 종종 있다. 즉 성공을 했던 그 이유 때문에 더 큰 실패를 하게 된다.

근골피를 단련하여 강건하고 날랜 몸을 가지고 있으면서 상대에게 더 큰 타격을 입히려고 큰 동작으로 공격을 하다가는, 강건하고 날랜 몸을 가지고 있다는 장점 때문에 역으로 상대에게 패하는 일을 당할 수 있다는 말이다.

그런가 하면 상대적으로 몸집이 작은, 특히 여성과 같은 경우는 불리할 수밖에 없다. 또 노인과 같이 근력이 떨어지고 재빠른 몸놀림이 어려운 사람은 처음부터 불리할 수밖에 없다. 노인이나 여성 역시 근골피를 단련하고 공격 속도를 높이기 위해서는 육체적인 한계를 극복해야 하는데, 이는 말처럼 쉬운 일이 아니고, 그런 약자들이 상대방으로부터 공격을 당할 일이 없다는 보장도 없기 때문에 그에 대한 대책이 필요하다. 명나라 말 청나라 초에 대략 두 가지 정도의 대책이 나왔다.

청나라 초에 엄영춘이라는 여성은 마을의 불량배로부터 강제로 결혼을 당하게 될 위험에 처했을 때, 오매사태로부터 단기간에 자기 자신을 지킬 만한 권법의 핵심적이고 간략한 기술만을 추려서 배울 수 있었고, 그것으로 불량배를 물리치고 자기 자신을 지킬 수 있었다.

엄영춘은 이 기술들을 더욱 발전시켜 자신만의 권법으로 체계화했는데, 이 권법이 바로 영춘권이다. 영춘권은 양찬, 진화순, 양벽 등의 제자를 거쳐 엽문에게 전수되었고, 국공 내전 결과 중국이 공산화되자 홍콩으로 피신한 엽문에 의해 세계적으로 퍼지게 되었다.

엽문에게 배운 영춘권을 바탕으로 절권도라는 자신만의 권법을 만들고 세계적인 스타가 된 이소룡의 일화는 많은 사람이 알고 있으며, 엽문의 일생은 엽문 시리즈 외에도 다른 여러 감독에 의해 영화로 만들어져 많은 사람들의 사랑을 받고, 덩달아 영춘권 역시 세간의 관심을 받고 있다.

영춘권은 여성에게 적합하도록 만들어진 권법으로 상대와 가깝게 붙어 작은 동작으로 짧게 연타를 날려 상대에게 타격을 주는 기술로서, 이른바 촌경(寸勁)이라는 기술을 사용하는 권법이다. 촌경이란 손발을 일 촌(약 3cm에 해당, 그 정도로 짧게)을 뻗어 상대방을 가격하는 기술이다. 타격력이 크지 않은 대신 재빠르게 연속으로 상대에게 타격을 입히는 방법이다.

엄영춘이 자신의 약점을 역으로 이용해 상대를 물리칠 수 있었듯이 많은 약자들 역시 강자들이 등한시하는 틈새를 잘 노린다면 얼마든지 스스로의 약점을 극복하고 경쟁에서 이길 수 있을 것이다.

경영학에서는 이를 'Niche(틈새시장)'라고 한다. 선발 기업들이 장악하고 있는 시장에서는 후발 약자들이 전면전을 벌일 역량이 부족할 수밖에 없다. 그러나 이런 시장에도 틈새시장은 있게 마련이고, 후발 약자들은 이런 틈새시장을 찾아 역량을 집중시키는 'Penetration(틈입) 전략'*을 선택한다면 얼마든지 자신의 위치를 확보할 수 있을 것이다.

*Penetration(틈입) 전략 : 신제품 등으로 시장 전체를 공략하기에 역량이 부족할 수밖에 없기 때문에, 일단은 선택된 시장의 일부분을 집중 공략하고 교두보를 만든 다음 시장을 넓혀가는 전략이 필요하다.

영춘권과 비슷한 시기에 만들어진 또 다른 무술이 바로 태극권이다. 태극권은 상대방의 공격 의도를 알아차리기 위해서 아예 상대방에 손발을 밀착시키면 손발로부터 상대방의 움직임을 바로 느낄 수 있고, 상대방이 밀고 들어오면 상대방에게 밀착시킨 채 뒤로 물러나면서 상대의 공격을 무산시키고 그 힘을 이용하여 상대방을 밀쳐내는 등의 방법으로 상대의 공격의지를 꺾어버리는 기술이다.

중국의 무술은 특히 권법에 있어서는 소림사의 권법을 바탕으로 한 외가권을 발전시키는 방향으로 전개되어 왔다. 오랜 세월을 두고 전국의 그 많은 권법 수련자들이 자신만의 기술을 조금씩 보태면서 자신의 이름을 딴 그 수많은 권법들이 생겨나고 일족들에게만 전해졌지만 때때로 다른 권법과의 대결 경험을 바탕으로 상호 영향을 끼치며 발전하는 과정을 겪어 왔지만, 궁극적으로는 소림권에 바탕을 둔 외가권에서 크게 벗어나지 못했다.

그러나 태극권은 오직 힘과 속도, 강한 육체에 의존하던 기존의 무술 개념을 그 뿌리부터 송두리째 바꿔놓았다. 즉 태극권의 출현으로 인하여 무술의 패러다임(Paradigm)이 완전히 바뀌어 버린 것이다.

　상대방과 몸을 밀착시킬 정도로 짧은 거리에서 보다 큰 힘을 내기 위해 허리의 움직임으로 전 체중을 팔에 얹고, 전사경*으로 짧은 거리의 한계를 극복하며, 사량발천근(四倆拔千斤)**의 기술로 상대의 힘을 이용한다.

　*전사경 : 纏絲勁, 주로 진식태극권에서 사용되는 방법으로 원통형에 실을 감을 때처럼 허리나 팔 등의 신체부위를 나선형으로 회전시키며 타격을 가하는 기술을 말한다. 타격력은 내부에너지를 운동에너지로 변환시켜 발생하는데, 질량이 일정할 때 속도의 제곱에 비례한다. 짧은 거리에서 속도를 높이는 방법으로 전사경을 이용한 회전력을 발생시켜 거리의 한계를 극복하는 방법이다.

　**사량발천근(四倆拔千斤) : 넉 냥의 힘으로 천근을 뽑아낸다.

　몸을 맞대고 상대의 힘을 이용한다는 기술은 어딘가 우리에게 몹시 익숙한 느낌이 들 것이다. 이런 원리가 새롭지 않기 때문이다. 바로 우리나라에서 명절이면 힘을 자랑했던 씨름에서 찾아볼 수 있다.

　씨름은 원래 북방 유목민족들이 명절이면 힘자랑을 하던 격투기로, 인류 최초의 몸짓이라고 한다. 유럽으로 건너가서 레슬링이 되었고, 한국을 거쳐서 일본에 전해진 씨름은 일본식으로 변형되어 '스모'가 되었으며, 그 원리를 발전시킨 유술이 현재의 유도가 되었다.

씨름은 세계 거의 모든 곳에서 볼 수 있다. 한국, 일본, 몽고뿐만 아니라, 스페인에서도 루차 카나리아라는 씨름을 즐기고, 인도의 크슈테, 세네갈의 람브는 물론 터키의 오일 레슬링인 크르크프나르에 이르기까지 다양한 형태를 볼 수 있다.

중국에도 유도와 비슷한 형태의 중국식 씨름이 있다. 중국에서는 상고시대부터 있었던 중국식 씨름이 북방민족에 전해져서 오늘날 씨름이 되었고, 일본에까지 영향을 주어 유도의 모체가 되었으며, 명대 이후로 솔교(率交), 혹은 솔각으로 불리기 시작했다고 주장하고 있다.

믿기 힘든 주장이다. 저자는 이 주장이 동북공정이나 다를 바 없는 주장이라고 판단된다. 왜 하필 명대 이후에 그런 명칭이 붙었을까? 명말청초라면 태극권이 발생되던 때 아닌가? 참으로 공교롭기 짝이 없는 일이다.

저자의 생각으로는 옛날부터 무술을 배우지 못한 일반인들의 드잡이질이 몽고의 지배를 받으면서 몽고의 씨름 기술을 받아들이고, 몽고의 기술을 개량시킨 만주족의 씨름을 본 따서 오늘날의 솔교와 같은 씨름이나 유도 비슷한 격투기가 만들어졌다고 판단된다.

그러기에 솔교라는 중국식 씨름이 지금은 거의 자취를 감추었고, 중국인들조차 아는 사람이 별로 없는 현상으로 나타나는 것이 아니겠는가.

한국의 씨름은 물론 일본의 스모나 만주족과 몽고의 씨름 역시 몸을 맞대고 겨루는 방식이다. 꼭 몸집이 크거나 힘이 센 사람이 이기는 것이 아니라, 상대방의 힘을 역으로 잘 이용하는 사람이 이기는 이치를 씨름을 해본 우리로서는 쉽게 이해할 기술이지만,

한족들의 입장에서 보면 거의 새로운 기술에 속하는 것이었고, 그러다 보니 사량발천근 같은 용어가 생기게 된 이유라고 하겠다.

그런 면에서 보면, 한족의 무술이 이를테면 경영정보에 어두워서, 이미 오래전부터 다른 민족에게 있던 기술을 첨단기술이라고 받아들인 격이다.

적어도 한족의 무술은 중국이 강대국이라는 점에 자만하여 전혀 실용적이지 못하면서 겉보기에 화려함만을 추구한 결과 기술 측면에서 뒤쳐졌던 것이 아닐까 판단된다.

태극권의 발전과정

(1)진식 태극권

진식 태극권은 진씨 일족의 제9대 진왕정이 귀향하여 하남성 온현 진가구에 살면서 한편으로는 농사를 짓고 한편으로는 일족 젊은이들에게 권법을 가르치며 살았다. 몇 대를 걸쳐 진가권은 진씨 일족에게 전해지며 명맥을 이어갔다.

진가구 14대 진장흥은 표국의 표사로 활약하며 '패위선생' 혹은 '패위대왕'이라고 불렸던 무술의 고수였다.

은퇴해서는 일족의 젊은이들에게 진가권을 가르치면서, 기존의 진가권을 다듬고 개선함으로써 현재와 같은 진식 태극권이 완성되는 기초를 다졌으며, 『태극권십대요론』이나 『용무요언(用武要言)』과 같은 저서를 남겼다.

당시 진장흥이 가르쳤던 진가권은 진경운, 진연희를 거쳐 증손인 진발과에게 전해져 오늘날 노가(老架)식이라는 진식 태극권이 되었다. 대표적으로 노가일로, 노가이로의 투로가 전해져, 오늘날 진식 태극권의 대표적인 투로로 많은 사람들이 수련을 하고 있다.

진발과는 진식 태극권의 '제일대 대사'이다.

진발과에 의해 진식 태극권이 북경에 전해졌는데, 당시 진식 태극권을 처음 본 북경의 무술인들은 진식 태극권의 위력을 보고 크게 놀랐다고 한다.

그에게는 믿기 어려운 일화들이 많이 전해지는데, 평생 단 한 차례도 패한 적이 없었다는 것은 그렇다고 쳐도, 그가 투로를 수련하고 나면 그가 밟았던 바닥의 벽돌이 모두 산산조각이 났다든가, 여러 사람이 합심해도 들지 못하는 맷돌을 한 손에 두 개씩 모두 네 개를 양손에 들고 5리를 걸어갔다는 등의 일화가 그것이다.

1954년 중국의 국가체육위원회에서는 '옛것을 발굴해서 연구하고 정리하여 수준을 높인다.'는 방침에 따라 무술연구실에서 진발과를 비롯한 당대 태극권 고수들을 초청하여 24식간화태극권을 만들고, 1955년 신중국 제1부 국가체육부가 주관하여 '24식간화태극권'을 편찬하였으며, 1956년 정식 공표하여 전국적으로 보급하였다.

한편 진장흥과 같은 항렬의 진유본은 노가식과는 다른 형태로 진식 태극권을 발전시켰는데 그 후손에 전해져서 오늘날 신가(新架), 혹은 소가(小架) 식이라는 진식 태극권의 형식을 남기게 되었다. 대표적으로 소가1로, 소가2로 등의 투로가 있어 많은 사람들이 수련하고 있다.

진식 태극권은 양식 태극권과 달리 *발경(發勁) 동작이 많아,

양식에 비해 역동적으로 보이고, 보다 더 무술에 가까워 보이는 특징을 가지고 있기 때문에, 특히 젊은 남자들이 선호하는 형식의 태극권이다.

*발경(發勁) : 순간적으로 힘을 쓰는 기술

무엇보다 많은 동작에서 발경이 요구되고 있기 때문에 양식 태극권보다 태극권의 본질을 이해하는 데 도움이 되며, 양식 태극권을 하는 사람들도 진식 태극권을 해보고 나서야 양식의 동작을 더 잘할 수 있는 경우가 많다.

한편으로는 발경 동작이 많고, 익숙하지 못한 사람들은 졸력을 쓰는 경우가 대부분이라서 나이를 먹고 태극권을 시작하는 사람들에게는 권장하기 꺼려하는 사부들이 많은 실정이다.

현재 진식태극권의 장문인은 진소왕이다. 현 진식 태극권 대사인 진정뢰, 왕시안, 주천재와 더불어 '진식 태극권 4대 금강'으로 일컬어지고 있다.

(2)양식 태극권

진장흥이 진가구로 귀향하여 일족 젊은이들에게 태극권을 가르치던 마을 공터 앞에는 태화당이라는 약방이 있었다. 그 약방에 하인으로 팔려 와서 일을 하고 있던 양로선이라는 소년이 진장흥의 무술을 숨어서 몰래 배웠다.

당시의 무술은 오늘날의 군사기밀처럼 공개적으로 쉽게 남들에게 보여주는 기술이 아니었으며, 혹 대가를 받고 가르치더라도 핵심적인 내용은 전수하지 않았다.

지금도 중국에는 '한 수는 남긴다(留了一手).'라는 속어가 사용되고 있다. 글자 그대로 아무리 세상없는 수제자라도 죽을 때까지 결정적인 한 수는 가르치지 않고 남겨 둔다는 뜻인데, 우리나라에 있는 '며느리도 몰라.'라는 말과 비슷하다. 하물며 목숨을 걸고 하는 무술에서는 어떠하겠는가?

지금도 중국에서는 비록 간소화하기는 하였지만 배사의식을 치르고, 다짐을 받는 등 일정 형식을 밟고 나서야 제자를 받아들인다. 물론 손쉽게 일정한 수업료를 받고 무술을 가르치긴 하지만 그것과 제자가 된다는 것은 다른 차원의 일이다. 거의 이백년 전에야 응당 진씨 일족에게만 전한다는 진가권을 쉽게 배울 수 없는 노릇이었다.

진씨 일족의 무술을 숨어서 몰래 배우던 양로선은 결국 발각되어 죽을 위기에 처했으나 그의 무술을 아낀 진장흥에 의해 정식 제자가 됨으로써 목숨을 건지게 되었다.

양로선은 진가구에 삼십년 가까이 살며 진가권을 배우다가 약방의 주인이 사망한 후 하인의 신분에서 벗어나 자신의 고향인 영년현으로 귀향하였다.

양로선은 영년현에서 명문가인 무징청, 무하청, 무여청의 무씨 삼형제와 교류하며 태극권을 가르쳤는데, 무씨 삼형제의 소개로 북경에 진출하게 됨으로써 무술가로 널리 이름을 알리게 된 계기가 되었다. 그는 북경에서 고관의 자제들에게 무술을 가르치게 되었고 제자 중에는 황실의 궁정무술 교사가 된 이도 있었다.

양로선은 다소 격렬한 면이 있는 진가권이 이들에게 적합하지 않다고 생각하여 좀 더 부드러운 동작으로 변형을 하여 가르치게 되었는데, 이것이 양식 태극권이 만들어지게 된 계기가 되었다. 양로선이 가르치던 양가권 역시 태극권이라는 명칭이 아니라, '도투권' '13세' 등으로 불리던 진가권과 달리 동작이 솜처럼 부드럽다는 특징을 표현한 '면권(綿拳)'이나 '화권(化拳)' 등으로 불려졌다.

권법을 부드러운 형태로 만드는 변화는 양로선 이후에도 계속 진행되었고, 그의 손자인 양징보에 이르러 마침내 오늘날의 양식 태극권과 같은 형태가 되었다.

이런 형식은 많은 사람들의 환영을 받았으며, 국공내전* 후 국가가 주관하여 24식간화태극권을 제정할 때도 양식 태극권이 바탕이 되었다.

그 결과 지금은 중국 어디를 가나 아침이면 공원이나 광장에서 수많은 사람들이 태극권을 수련하는 광경을 볼 수 있게 되었으며, 전 세계 각지에 태극권을 전파하는 데 영향을 미쳤다.

*국공내전 : 1946~1949 중국 국민당과 공산당이 중국재건을 둘러싸고 벌인 국내전쟁이다. 국민당이 대만으로 패퇴하고 공산당이 1949. 10. 1. 중국인민공화국을 수립하였다.

(3)무식 태극권

진가구에서 영년현으로 귀향한 양로선이 초기에 교류하던 무씨 삼형제의 둘째인 무하청은 훗날 무우양으로 개명하고 무식 태극권의 개조가 되었다.

전술한 바와 같이 무우양은 단지 양로선을 북경 고위층에 소개함으로써 양로선이 북경의 유명 무술가가 되는 계기가 되도록 하는 데 그치지 않았다.

그는 무술을 좋아했을 뿐만이 아니라 그 스스로도 유명한 고수들을 찾아다니면서 폭넓게 무술을 연마하기를 게을리 하지 않았다. 여유 있는 집안의 자제로서 학식도 갖추고 있었기 때문에 단순히 무술의 고수라기보다는 폭넓은 문화수준과 학식을 갖추고 있는 부유한 교양인의 한 사람이었다.

무우양은 양로선의 초기 제자 격이면서, 태극권의 이론적 체계를 세우고 발전시킴으로써 양로선의 둘째아들(첫 아들은 요절하였다)인 양반후에게도 영향을 주었고 그 조카인 양징보에 의해 양식 태극권이 오늘날의 형태로 완성되는 데 큰 영향을 끼쳤다. 다시 말해 오늘날의 태극권이 되도록 하는 데 큰 역할을 하였다.

무우양은 우연히 왕종악의 저작물을 보게 되었는데, 그 저작물은 음양의 변화를 설명한 태극사상에 바탕을 둔 무술비법에 관한 저술이었다. 그 내용이 양로선으로부터 배운 무술의 원리와 몹시 유사하다는 것을 알아내고 크게 깨달은 바가 있었다.

그리하여 무우양은 왕종악의 저술의 내용을 자신의 권법에 관한 경전으로 삼아 권법의 이름을 태극권이라고 명명하였다. 또 왕종악의 저술에는 『태극권론』이라는 이름을 붙여 궁극적으로는 태극권의 근본 경전으로 자리 잡도록 하였다.

(4)손식 태극권과 오식 태극권

무우양의 태극권은 제자 이역여를 거쳐 학위진에게 전해져서 학씨 태극권이라고 불리는 문파가 형성되었다. 이미 형의권과 팔괘장을 수련한 적이 있는 손록당(孫祿堂)은 다시 학위진에게 무식 태극권을 배웠고, 무식 태극권에 형의권과, 팔괘장의 보법 등을 추가하여 손식 태극권의 개파조사가 되었다.

한편 양로선의 제자였던 전우에게 권법을 배웠던 오감천(吳鑑泉)은 자신만의 형식을 추가시키는 방법으로 양식 태극권에 변형을 가하여 오식 태극권의 개조가 되었다.

그 외에도 수많은 사람들이 자신만의 독특한 풍격을 더하고 형태를 변형시켜 여러 형식의 태극권을 선보였다. 지금도 중국의 공원이나 광장에 나가 보면 수많은 사람들이 다양한 무술을 수련하고 있는데, 공원마다 자신이 무슨무슨 문파의 장문인이라고 자처하는 사람들이 한두 명씩은 꼭 있다.

무술이라고 하는 것이 사람을 통해 전해지는 데다 사람마다 개성이 있고 풍격이 다르기 때문에 2~3세대만 전해져 내려가도 전혀 다른 모양의 무술로 변해버리니 당연한 결과라고 할 수 있다. 중국의 북쪽 지방에서 볼 수 있는 태극권과 남쪽 지방에서 수련하는 태극권이 전혀 다른 모습을 하고 있는 것을 보면 쉽게 알 수 있는 이치다.

중국 정부는 이런 혼란을 막기 위하여 국가 체육총국에서 각 문파별로 '태극권경세투로'라는 경기용 *투로를 만들고 각 동작에 대한 규격을 정하여 경기나 시합을 할 때 정해진 규격을 벗어나면 감점을 하는 방식으로 전체적인 동질성을 유지하도록 관리하고 있다.

*투로 : 태권도의 품새와 비슷한 개념. '한 줄기로 연결되어 움직여가는 태극권 동작의 한 세트'라는 뜻이다.

특별히 진식, 양식, 무식, 손식, 오식을 태극권 오대문파라고 일컫는다. 무식, 손식, 오식 역시 독특한 특징을 갖고 많은 사람들이 수련하고 있으나, 역시 그 수가 태극권이 알려지는 계기가 되었던 양식 태극권과, 태극권의 본가라고 할 수 있는 진식 태극권에는 미치지 못하고 있는 실정이다.

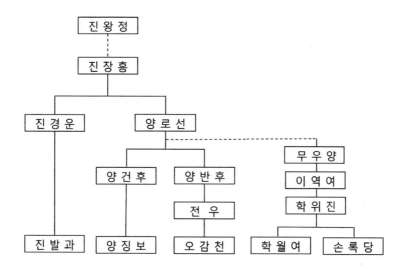

진식태극권   양식태극권   오식태극권   무식태극권   손식태극권

〈태극권 5대 문파 계통도〉

왕종악 태극권론

앞에서 잠시 언급했던 것처럼 무우양은 왕종악의 저술을 보고 크게 깨달아 '태극권론'이라는 이름을 붙이고 널리 퍼뜨려, 오늘날 왕종악의 『태극권론』이 태극권을 대표하는 기본 경전으로 자리 잡게 되었다.

여기서는 왕종악의 『태극권론』의 번역문과 원문을 같이 싣고, 몇몇 용어에 대한 해설을 달아서 이 책을 읽는 독자들의 이해를 돕고자 한다. 왕종악의 『태극권론』은 워낙 많이 알려져 있고, 여러 용어들이 순수한 우리말로 번역하기도 곤란할 뿐더러, 이미 많은 분들이 번역을 해 놓았기 때문에 일부 문장들이 다른 번역물과 유사한 부분이 있다는 점을 미리 밝힌다.

왕종악 『태극권론』 번역문

태극은 무극에서 나왔으며 음과 양의 모체다. 움직이면 바로 나누어지고 멈추면 바로 합쳐진다.

넘치거나 모자라지 않으며 상대방을 따라서 굽히거나 곧바로 펴진다. 상대가 강할 때 내가 부드럽게 대응하는 것을 주(走)라 하고, 내가 순응할 때 상대가 엎히어지는 것을 점(黏)이라고 한다. 빨리 움직이면 빠르게 반응하고 느린 동작에는 곧바로 느리게 따라하는 것이 비록 수만 가지로 변화해도 이치는 하나로 일관된다.

익숙해지면 점차 경을 알게 되며, 경을 깨닫게 되면 신명의 경지에 이르고, 무리한 힘(졸력)쓰기를 계속하지만 않는다면 마음이 환하게 열릴 수밖에 없을 것이다.

목에는 힘을 빼고 느슨하게 하여 정수리를 하늘에 매달아 놓은 것처럼 하고*, 기를 단전으로 가라앉힌다.** 어느 쪽으로도 기울거나 치우치지 않도록 하고***, 홀연히 사라졌다가 갑자기 나타나는 것처럼 한다.

*허령정경을 의미
**기침단전을 의미
***입신중정을 의미

왼쪽에 체중을 실은 것처럼 하다가도 바로 허(虛)로 바꾸어 우측에 체중이 실어 알 수 없을 만큼 끝없이 깊게 하도록 한다. 신체를 들어 쳐올 때는 더 높이 들리도록 하고, 숙이면 깊게 가라앉힌다.

나아갈 때는 더욱 더 길게 몰아붙이고 물러날 때는 재빨리 움직여서, 한 개의 깃털도 붙지 못하고 벌레 한 마리도 내려앉을 수 없게 한다. 상대는 나를 모르도록 하고 나 혼자 상대를 파악하면 마치 영웅이 향하는 곳에 당할 자가 없다는 그런 경지에 도달할 것이다.

이런 무술을 하는 문파는 매우 많은데 비록 동작에 구별은 있겠지만 일반적으로 강한 사람이 약한 사람을 괴롭히고, 느린 사람이 빠른 사람을 기피해야 한다는 사실에는 예외가 없다. 힘센 사람이 힘없는 사람을 때리고, 손속이 느린 사람이 빠른 사람에게 양보해야 하는 것은 모두 원래부터 자연스런 일이며, 힘쓰는 것을 배웠느냐의 여부와는 상관이 없는 것이다.

"넉 냥의 힘으로 천근을 뽑아낸다."*는 구절을 보면 힘으로 이기는 것이 아니라는 것을 표현했듯이 노인도 여러 사람을 제압할 수 있는 것을 보면 알 수 있다.

*사량발천근을 의미

서 있을 때는 흐트러짐이 없도록 하고, 움직일 때는 바퀴가 굴러가듯 해야 하는데, 한쪽에 치우치게 가라앉히면 그에 맞추어 따를 수 있으나, 무게가 양쪽으로 나뉘어 정체되면(변화할 수 없어) 답답하다.

수년간의 순수한 내공으로도 화경을 쓰지 못하고 매번 상대에게 제압당하는 것을 보면 모두 쌍중의 병을 미처 깨닫지 못했기 때문이다.

이 병을 피하고 싶으면 반드시 음양을 알아야 한다. 점(黏)은 곧 주(走)를 뜻하며 走는 바로 黏을 말한다. 음은 양과 떨어질 수 없고, 양 또한 음과 나뉠 수 없으니 음양은 서로 어우러져야 경을 알 수 있다.

경을 알고 난 후에는 수련을 할수록 더욱 정심해지고, 묵묵히 알게 되면 점차 종심소욕에 다다를 것이다.

원래 "자기를 버리고 상대를 따른다."*를 "가까운 곳에 있는 것을 버리고 먼 데서 구한다."라고 잘못 알고 있는 경우가 많은데, 배우려는 사람이라면 이른바 "애초의 털끝만한 차이가 나중에는 천리가 벌어진다."라는 말을 상세히 분별해야 하기 때문에 하는 말이다.

*사기종인을 의미

왕종악 태극권론 원문

王宗岳 太極拳論

太極者 無極而生 陰陽之母也 動之則分 靜之則合 無過不及 隨屈就伸 人剛我柔謂之走 我順人背謂之黏 動急則急應 動緩則緩隨 雖變化萬端 而理爲一貫 由着熟而漸悟懂勁 由懂勁而階及神明 然非用力之久 不能豁然貫通焉 虛靈頂勁 氣沈丹田 不偏不倚 忽隱忽現 左重則左虛 右重則右杳 仰之則彌高 俯之則彌深 進之則愈長 退之則愈促 一羽不能加 蠅蟲不能落 人不知我 我獨知人 英雄所向無敵 蓋皆由此而及也 斯技旁門甚多 雖勢有區別 概不外壯欺弱 慢讓快耳 有力打無力 手慢讓手快 是皆先天自然之能 非關學力而有爲也 察四兩撥千斤之句 顯非力勝 觀觀耄能禦衆之刑 快何能爲 立如平準 活似車輪 偏沉則隨 雙重則滯 每見數年純功 不能運化者 率皆自爲人制 雙重之病未悟耳 欲避此病 須知陰陽 黏卽是走 走卽是黏 陰不離陽 陽不離陰 陰陽相濟 方爲懂勁 懂勁後 愈練愈精 默識揣摩 漸至從心所欲 本是捨己從人 多誤捨近求遠 所謂差之毫釐 謬以千里 學者不可不詳辨焉 是爲論.

[참고] 주(走) : 달아나다, 점(黏) : 들러붙다, 경(勁) : 굳세다, 힘 : 졸력(拙力) 억지로 힘을 쓰는 일.

용어해설

(1)사량발천근(四兩撥千斤)

'넉 냥으로 천근을 뽑아낸다.'라고 번역되는데 지금의 도량형으로 한 냥은 50g에 해당되고 한 근은 500g이니 200g의 힘으로 500kg의 힘을 뽑아낸다는 말이다.

뽑아낸다고 하나 결국은 상대의 힘을 이용한다는 말이니, 씨름을 할 때 보면 꼭 몸집이 크거나 힘이 센 사람이 이기는 것이 아니고 상대의 힘을 잘 이용하는 사람이 이기는 것과 같은 이치다.

상대가 밀치고 들어온다면 뒤로 물러나면서 오히려 상대를 잡아당겨서 상대방이 제 힘에 넘어지도록 하거나 혹은 그 반대로 하는 것을 생각하면 된다.

차입금 등 타인자본을 지렛대로 삼아 자본이익률을 높이는 것을 레버리지(Leverage)* 효과 혹은 지렛대 효과라고 한다. 만약 자기 돈 백 원을 투입해서 십 원을 벌면 자본이익률은 10%가 된다.

*레버리지(Leverage) : 그리스의 수학자 아르키메데스는 자신에게 적절한 지렛대를 주면 지구를 옮길 수 있다고 호언장담했다.

그러나 자기 돈 오십 원에 차입금 오십 원을 보태서 10원을 번다고 하면 같은 십 원을 벌더라도 자본이익률은 20%로 두 배가 된다.

그래서 모든 기업이 차입금 등의 타인자본을 이용해서 사업을 하는 것이다. 경제의 제일 원칙이 바로 최소의 투자로 최대의 수익을 얻는다는 것인데, 상환 능력이 허용하는 한 타인자본을 이용하는 것 역시 최소의 투자로 최대의 이윤을 얻는다는 경제원칙과도 맞아 떨어진다.

기업 경영에 있어서는 이용 가능한 모든 것을 이용할 수 있어야 하는데, 더구나 경쟁상대를 이용할 수 있다면 그 효과는 두 배가 될 것이다. 200g의 힘으로 500kg을 뽑아낸다는 말이 좀 과장되어 보이기는 하지만, 적을 밀어붙이겠다고 생각하는 상대를 거꾸로 잡아챈다면 예상을 못 했던 상대에게는 충분히 천근에 달하는 느낌을 줄 수 있다.

(2)쌍중(雙重)

태극권은 그 이름에서 의미하는 바와 같이 멈추지 않고 끊임없이 변한다는 특징을 가지고 있다. 체중을 이동하는가 하면 바로 방향이 바뀌고, 그 즉시 체중이 옮겨지는 식으로 음양이 바뀌는 형상을 들어 태극권이라는 이름을 붙였기 때문이다. 그런 움직임이 끊어져 멈춰 버리는 현상을 쌍중이라고 한다.

기세에서 평행보로 설 때 양쪽 발에 체중이 나뉘어 실리고 나서는 마보고(마보 상태에서 어깨로 상대를 밀치는 동작 명칭) 같은 동작에서 양발에 체중이 놓이는 경우를 제외한다면 궁보가 됐든, 허보가 됐든 체중은 늘 한 쪽 발에 놓이게 된다. 이는 상대의 움직임에 따라 허실을 손쉽게 바꿔주기 위한 태극권의 선택이다.

어떤 사람들은 체중이 양쪽에 분산 고정되어 상대방의 공격에 반응하기 힘들게 되는 현상을 쌍중이라고 표현하기도 한다. 음양이 끊임없이 변해야 하다는 관점에서 볼 때 그리 틀린 말은 아니라고 생각한다.

양로선의 손자 양징보는 쌍중을 자전거 페달을 밟는 것에 비유하였다. 한 쪽 발로 페달을 누를 때 다른 발에는 힘을 빼야 페달이 돌아갈 수 있는 이치를 말한 것이다.

서로 팔을 맞대고 있을 때 상대방이 밀고 들어오는데 같이 힘을 주어서 밀고 나간다면 힘이 같을 때는 정체가 되고, 힘의 크기가 다르다면 어느 한 쪽이든 힘이 약한 쪽이 밀리게 된다. 이처럼 같은 힘으로 서로 밀거나 당기느라 멈춰진 상태를 쌍중이라고 한다.

개인도 마찬가지지만 특히 기업을 경영하는 데 있어서는 언제든지 변화에 대응할 수 있는 순발력을 갖추어야 함은 불문가지다. 더군다나 경쟁상황에서 무리한 힘겨루기를 하기보다는 주(走)와 점(黏)을 적절히 활용하여 쌍중지병을 피하는 것이 필수적이다.

(3)동급즉급응 동완즉완수(動急則急應 動緩則緩隨)

1980년대에 제조업의 경쟁력 약화로 미국의 경제가 거의 붕괴 수준까지 이르자 1990년대 중반에 많은 미국의 기업들이 새로운 길을 모색하는 과정 중에 이른바 Agility(기민함)*를 갖추고 대응 속도를 높이려는 시도가 있었다.

*Agility(기민함) : 1990년대 중반 미국 경영학계는 일본에 대한 경

쟁력 회복을 위해 가상조직(Vertual Organization)을 통한 Agility
를 확보하여 경쟁시장의 판을 바꿔야 한다는 개념을 도입하였다.

   당시 일본의 기업들이 미국으로서는 상상도 할 수 없는 속도로
미국의 시장을 잠식해 들어왔기 때문이다.
   미국의 기업들은 이런 상황을 타개하기 위하여 엄청난 노력을
기울였으나, 시장의 변화에 대응하는 일본기업들의 속도를 도저
히 쫓아갈 방법이 없었고, 이미 대응해야 할 만한 제조업도 별로
남아 있지 않았다.
   결국 미국은 경쟁력을 재정비해서 일본을 추격하기보다는 판
을 새로 짜는 것이 유리하다고 생각하고, 경제의 패러다임 자체
를 바꿔버렸다.
   공원 등에서 볼 수 있는 태극권의 수련 모습이 느릿하다고 해
서 태극권 자체가 느린 무술은 절대 아니다.
   어디까지나 사기종인의 원칙에서 상대의 속도에 맞춘다는 특
징을 갖기 때문이다. 상대의 움직임이 빨라지면 당연히 그 속도
에 따라서 빨리 대응해야 하며, 공격할 때는 재빨리 사정없이 몰
아붙여야 한다.

   (4)사기종인(捨己從人)

   맹자가 군자에 대해 설명하면서 "순임금의 훌륭한 점은 자신의
그릇됨을 버리고 남의 좋은 점을 따라서 같이 선을 행하였다는
점"이라고 칭송한 데서 유래하였다.
〈맹자(孟子) 공손축 상편(公孫丑 上編)〉

사기종인은 '나를 버리고 상대방을 따른다.'고 번역된다. 쌍중에서와 같이 상대가 밀고 들어올 때 같이 상대를 미는 것은 몹시 위험한 행동이다. 상대보다 힘이 약하면 밀려나고, 내가 상대보다 힘이 더 세다 하더라도 상대가 미는 척하다가 뒤로 잡아채면 속절없이 끌려가 버리고 말 것이기 때문이다.

다시 말하자면 힘이 센 자가 약한 자를 쉴 새 없이 몰아붙이기 위해서는 훨씬 더 큰 힘이 필요하다는 말이 된다. 그러기에 무턱대고 힘을 쓰기보다는 상대의 움직임에 적절히 반응하면서 힘의 균형이 깨지는 시점을 정확히 잡을 수 있도록 자신을 버리고 상대를 따르는 전략이 필요하다.

상대는 나를 모르게 하고 나 혼자만 상대를 파악하고 있다가 결정적인 순간에 반격하기 위해서는 내가 먼저 속단하고 행동하기보다는 상대방의 동작에 따라가며 대응하면서 상대방의 의중을 파악하는 것이 중요하다는 뜻이다. 손자병법에 나오는 지피지기 백전불태(知彼知己 百戰不殆)라는 말을 지겹도록 들어온 우리로서는 너무도 당연한 이야기다.

마케팅에서는 미투(Me Too)전략*이 있다. 경쟁사의 상품을 모방하여 편승효과를 노리는 방법이다.

*미투(Me Too)전략 : 1960년대 일본기업들이 이 방법으로 경제를 재건할 수 있었고, 우리나라도 그렇게 하였다. 중국은 너무 심해서 세계적인 원성을 사고 있다. 최근에는 이모베이션(Imovation)이라고 모방해서 혁신한다는 경영기법까지 등장했다.

어찌 보면 비겁해 보이지만, 초도 개발된 신상품들은 아직 시장도 성숙되기 전이고, 기술적 미숙함도 있으며, 세련되지 못한 부분도 많기 때문에 파고들 여지가 많게 마련이다.

소니는 최초로 베타 방식의 홈 비디오를 개발했으나, 내셔널의 VHS에게 시장을 내주어야 했고, 애플의 매킨토시는 마이크로 소프트에 밀려서 디자인용 컴퓨터로서의 자리에 만족해야 했다. 이런 사례는 너무 많아 일일이 설명할 수 없고, 오히려 최초로 상품을 개발하고서 시장에서 지배적인 위치를 차지한 회사가 거의 없을 지경이다.

국내에서도 이 사정은 다르지 않아서, 삼성이 엄청난 성공을 했으나 세계 최초의 발명품은 아직 없는 실정이고, 농심라면은 선발인 삼양라면을 따돌렸고, 롯데제과의 거의 모든 제품은 미투전략을 통해 정상을 차지하는 데 그치지 않고 해외업체가 국내에 발을 붙이지 못하게 하는 효과까지 내고 있다.

(5)장기약 만양쾌이(壯欺弱 慢讓快耳)

강한 사람이 약한 사람을 괴롭히고, 느린 사람은 빠른 사람을 기피해야 한다고 번역된다.

란체스터의 법칙*에 의하면 광역전투에서의 총전력은 투입전력의 제곱에 비례한다.

*란체스터의 법칙 : Frederick W. Lanchester는 영국의 항공공학자로 1차 세계대전을 계기로 고안한 역학관계의 두 가지 법칙을 말한다. 일대일로 대결할 때는 기량이 우수한 쪽이 유리하고, 집단으로 대결할 때는 손해가 제곱비율로 증가하기 때문에 수가 적은 쪽이 압도적

인 손해를 본다는 것이다. 이 두 가지 법칙을 기업경영에 적용해 란체스터 경영전략이라는 분야가 개발되었다.

이 법칙을 마케팅에 적용하면 초기투입병력은 시장점유율에 해당되기 때문에 시장점유율이 높은 기업이 훨씬 더 유리하다. 후발기업은 더 좋은 상품이 있어도 별 승산이 없기 때문에 정말 힘겨운 경쟁이 될 것이다.

그러나 후발주자들의 도전을 받으며 시장점유율을 지키기 위해서 강자는 더 많은 노력을 해야 한다. 마케팅 경쟁에서 어떻게든 자리를 확보하려는 후발 약자들의 싹을 초반에 잘라 버리기 위해 강자는 더욱 더 힘을 기울여야 한다는 말이다.

(6)허령정경(虛靈頂勁)

정두현(頂頭懸)이라고도 하며, 목의 긴장을 풀고 머리의 자세를 바르게 유지함으로써 정신과 기가 머리꼭대기를 관통하도록 유도한다. 정두현이란 머리꼭대기에 실을 매어 위로 매단 것 같은 모습이라는 말이다.

(7)기침단전(氣沈丹田)

기를 단전으로 가라앉힌다.
사람의 신체에는 상단전, 중단전, 하단전의 모두 세 군데의 단전이 있다고 한다. 상단전은 머리에 있고, 중단전은 명치 부근을 뜻하며 하단전은 배꼽 아래 한 치 깊이에 있다. 사람에 따라서는 세 치 아래에 있다고 하거나, 두 치 네 푼 아래라는 주장 등 다양하다.

여기서 말하는 단전은 하단전을 뜻한다. 하단전은 모든 경락이 모이는 곳으로서 원기를 저장하는 곳이며 기 흐름의 요체라고 하여 기해(氣海穴)라고도 한다.

문제는 어떤 형체나 느낌도 없는 기를 어떻게 단전에 가라앉힐 수 있느냐는 것이다. 일반적으로 의념으로 기를 단전에 가라앉히라고 하는데, 다시 말하면 그냥 기가 단전으로 가라앉는다고 상상을 하라는 말이다.

어떤 형체나 느낌이 없는 기를 단전으로 가라앉히라는 이유는 태극권을 수련하면서 무게 중심을 낮추어 주고, 몸을 움직이더라도 단전을 축으로 하는 몸의 중심선은 흔들리지 않도록 하라는 뜻으로 이해하면 된다.

태극권의 각종 동작을 할 때 대부분은 상체를 곧게 세운 채 뒤쪽에 있는 다리의 허벅지로 몸을 밀어 상체를 평행이동 시키는 방식으로 움직인다. 즉 상체를 움직이는 것이 아니고 다리로 밀어주는 것이다.

이때 단전을 축으로 한 중심선 역시 흔들리지 않고 중심이동을 해야 하며, 간혹 상체를 약간 숙이는 동작에서도 무게의 중심선이 기울지 않도록 하라는 뜻이다.

(8)불편부의(不偏不倚)

입신중정(立身中正)을 표현하는 말이다. 한쪽으로 기울거나 앞으로 수그리는 것은 물론 뒤로 젖혀서도 안 되며, 어느 한 쪽으로도 삐딱하지 않도록 바르게 서야 한다. 특히 경추부터 요추는 물론 꼬리뼈에 이르기까지 척추를 바르게 펴주는 것이 중요하다. 자세한 내용은 제2편 태극권의 기본자세에 설명되어 있다.

(9)점즉시주 주즉시점 음불리양 양불리음(黏卽是走 走卽是黏 陰不離陽 陽不離陰)

불교경전 반야심경에 나오는 색즉시공을 연상케 하는 말이다. 태극권이라고 명명된 이유는 태극권의 모든 동작이 허와 실이 끊임없이 바뀌며 움직이는 모양이 바로 음과 양이 끊임없이 변하는 태극의 원리와 같기 때문이다.

태극권의 모든 동작이 허실을 분명히 해야 하는데, 그 허실이 수시로 변할 수 있기 때문에 양이었던 것이 바로 음으로 변할 수 있으므로, 음과 양, 허와 실을 구분하는 것이 의미가 없다는 뜻이다.

저자는 이 뜻을 약간은 다르게 해석할 여지가 있다고 생각한다. 경영에서는 우선적으로 이윤을 생각할 수밖에 없다. 기업의 궁극적인 목적이 기업의 영생이라는 것에는 이견이 있을 수 없으나 당장 눈앞의 산적한 문제를 우선 해결해야 한다고 생각하는 경영자가 대부분이며, 그런 과정에서 무리를 하거나 경영윤리를 간과하는 경우를 많이 볼 수 있다.

그러나 바로 이런 조급증이 당장의 문제를 해결하기보다는 한 순간에 기업의 존망을 결정해 버리는 경우 또한 많았다.

눈앞의 작은 이익을 희생하는 일이 있더라도 경영의 정도를 지켜나가면 나중에는 더 큰 이익이라는 보답이 돌아오는 일도

갈수록 늘어나고 있다.

　최근에 국내의 한 식품회사가 정도를 지켜가며 기업윤리를 실천한 결과 국민들로부터 *갓뚜기라고 불린 사례가 그 사실을 증명하고 있어 모든 경영자들에게 좋은 귀감이 되고 있다.

　갓뚜기* : 최근 오뚜기라는 식품회사가 가격동결, 정직한 상속세 납부, 비정규직 폐지 등의 기업의 사회적 책임을 다하여 호감을 받고 있어서 소비자들은 오뚜기를 '갓뚜기'라고 부르고 있다.

　(10)종심소욕(從心所欲)

　이 말은 논어 위정(爲政)편에 나오는 '종심소욕불유구(從心所慾不踰矩)'의 일부분이다. 원래 뜻은 '나이가 칠십이 되면 하고 싶은 대로 하여도 법도를 어기는 바가 없다.'는 뜻이다.

　우리가 흔히 사용하는 이립, 불혹, 지명, 이순* 등의 나이를 가리키는 말은 모두 논어에서 따다가 사용하고 있으나, 유독 일흔 살은 두보 시 '곡강(曲江)'의 '인생칠십고래희(人生七十古來稀)'라는 구절에서 따다가 '고희'라는 말을 쓴다.

　*이립~이순 : 논어 위정편에 나오는 사람의 나이를 이르는 용어

　다른 나이와 마찬가지로 나이 칠십을 논어 식으로 표현할 때는 '종심소욕'을 줄여서 '종심'이라고 한다. 공자와 비교할 만한 사람은 없겠지만 유독 칠십 나이를 두보의 시에서 따온 것을 보면 확실히 두보가 위대한 시인임을 알 수 있다.

여기서는 오랜 기간 수련을 하면 힘쓰는 법, 발경(發勁)을 알게 되어서 작위적으로 행동을 하지 않더라도 필요한 순간이 되면 아무 생각 없이 무의식적으로 힘을 발휘하게 되는 수준에 오를 수 있다는 말이다.

2장
태극권을 수련하기 전에

준비운동

모든 운동이 그렇지만 태극권 역시 수련하기 전에 충분한 준비운동으로 몸의 긴장을 풀고, 관절을 부드럽게 해준 후에 수련에 들어가야, 부상을 막을 수 있을 뿐더러 수련의 효과도 높일 수 있다. 무엇보다 방송을 하는 데 필수적이다.

태극권의 준비운동은 특히 관절을 부드럽게 해주는 데 초점이 맞추어져 있다. 이 책에서는 주로 진식 태극권의 준비운동을 위주로 소개하였다.

매 동작을 아홉 번씩 반복해 준다. 아홉 번을 하는 이유는 먼저 아홉이라는 숫자는 양에 속하는 홀수이면서 한 자리 숫자 중 가장 크기 때문이며, 결국 관절이 충분히 부드러워지도록 많이 하라는 뜻으로 판단된다.

준비운동은 투로(套路)를 하는 시간보다 길게 해야 한다. 24식을 비롯한 현대 태극권 투로는 6~8분이 소요되나, 전통 태극권의 투로는 짧아도 십 분이 넘는 것이 보통이다. 따라서 준비운동은 10분 이상 충분히 하는 것이 좋다.

'투로'라고 하는 것은 태권도에서의 품새와 비슷한 개념이다. 24식간화태극권 투로를 예로 들면 모두 24개의 동작이 연결되어 있는데, 이처럼 '한줄기로 연결되어 움직여가는 24개의 동작의 한 세트'라는 뜻이다.

손목운동

두 손을 깍지 끼고 한 손으로 다른 손을 이끌어 손목 관절을 아래위로 움직여 준다(2-1). 한 손으로 다른 손을 번갈아 가면서 밀며 손목을 회전시켜 준다(2-2).

〈2-1〉

〈2-2〉

팔꿈치운동

〈2-3〉

팔 아래쪽을 움직여 팔꿈치를 돌려준다(2-3).

어깨운동

두 손을 어깨에 대고 팔꿈치를 들어 팔이 귀를 스치도록 어깨를 돌려준다. 아홉 번을 돌린 후 반대 방향으로 아홉 번 돌려준다(2-4, 2-5)

⟨2-4⟩   ⟨2-5⟩

목운동

목을 뒤로 젖혀 천천히 아홉을 센 다음 앞으로 굽히고 아홉까지 센다(2-6). 목을 왼쪽으로 굽히고 오른쪽으로 굽혀서 각각 아홉을 센다(2-7). 시계 반대 방향으로 천천히 돌려주고 다시 시계 방향으로 돌린다(2-8).

허리운동

두 손을 허리에 대고 시계 방향과 시계 반대 방향으로 각각 아홉 번씩 돌려준다(2-9).

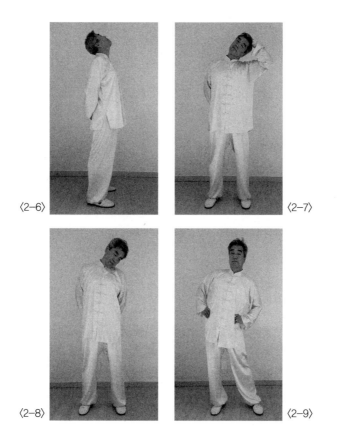

〈2-6〉 〈2-7〉 〈2-8〉 〈2-9〉

몸통운동

 팔에 힘을 빼서 흔들거리도록 놓아둔 채 허리를 좌우로 아홉 번 돌려준다. 이때 손이 각각 반대쪽 허리와 등 뒤의 신장 부근을 때리도록 한다(2-10, 2-11).
 허리를 더 크게 좌우로 아홉 번 흔들어 한 손은 반대쪽 견정혈을, 다른 손은 허리 뒤 신장 부근을 때리도록 한다(2-12).

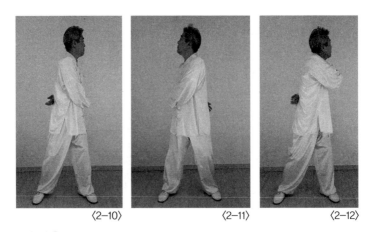

〈2-10〉　　　　〈2-11〉　　　　〈2-12〉

고관절운동

다리를 어깨의 1.5배 이상 벌리고 두 손으로 무릎을 잡은 채 고관절을 안에서 밖으로 아홉 번, 밖에서 안으로 아홉 번 돌려준다(2-13).

무릎운동

무릎을 붙이고 두 손을 무릎에 대고 시계 방향으로 아홉 번 돌려주고, 시계 반대 방향으로 아홉 번 돌려준다(2-14).

발목운동

왼발 끝을 오른발 옆에 대고 시계 반대 방향, 시계 방향으로 각각 아홉 번씩 돌려주고, 발을 바꿔서 오른발 끝을 왼발 옆에 대고 시계 방향, 시계 반대 방향으로 각각 아홉 번씩 돌려준다

(2-15).

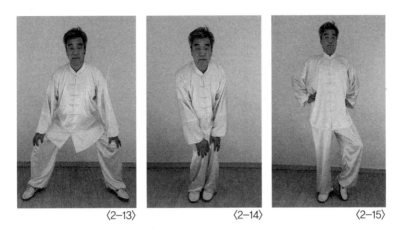

〈2-13〉　　　　　　　〈2-14〉　　　　　　　〈2-15〉

무릎 차기

왼발을 살짝 들고 오른쪽 무릎을 굽히면서 두 손과 함께 앞으로 차주고 발을 바꿔 오른발을 차준다. 모두 아홉 번 반복한다 (2-16).

〈2-16〉

어깨 돌려주기

왼발을 발 길이만큼 앞으로 내밀고 허리를 오른쪽으로 살짝 틀면서 손등이 위로 가도록 왼손은 앞에서 뒤로 오른손은 뒤에서 앞으로 엇갈리도록 어깨를 크게 아홉 번 돌려주고, 좌우를 바꿔서 오른발을 내밀고 아홉 번 돌려준다(2-16).

다리 찢기

왼다리를 배 혹은 가슴 높이의 나뭇가지나 기타 지형지물에 올려놓고 무릎을 편 채 상체를 앞으로 아홉 번 굽힌다. 이어서 발을 바꿔서 굽혀준다. 이때 발끝을 몸 쪽으로 당기고 상체를 바르게 펴고 굽히는 것이 좋다(2-17).

〈2-16〉

〈2-17〉

종아리 늘리기

계단 턱 같은 곳에 발끝을 들어 발뒤꿈치를 바짝 대고, 종아리

가 당겨지도록 몸을 앞으로 밀어준다(2-18). 상체를 숙이면서
두 팔을 뒤로 돌려 깍지 끼고 올려준다(2-19).

〈2-18〉 〈2-19〉

태극권의 기본자세

태극권을 수련할 때 먼저 몸가짐에 있어서 기본적으로 갖추어야 할 자세를 말한다. 명칭은 신법이라고 하나 실제로는 마음가짐을 포함하여 준비 자세를 어떻게 취할 것인가 하는 방법이라고 생각할 수 있다.

방송(放鬆)

많은 사람들이 태극권을 수련하기 위해서는 방송을 해야 한다고 말하는데, 저자는 오히려 방송하기 위해 태극권을 한다고 주장한다.

수련을 한다는 것은 자기 자신의 내부를 들여다보기 위한 것인데, 그러기 위해서는 깊은 호흡을 해야 하며, 바로 깊은 호흡을 하기 위해서 방송을 해야 한다. 결국 방송하기 위해 태극권을 수련한다고 생각한다.

방송이란 몸의 긴장을 느슨하게 풀어준다는 뜻이다. 몸이 긴장된 채로 움직이면 동작이 경직될 수밖에 없다. 그렇다고 맥이 풀린 듯이 늘어진다는 의미가 아니며, 영활하게 움직일 수 있도록 몸을 가볍게 해야 한다는 뜻이다.

이 다음에 나오는 모든 자세들이 방송을 하기 위해 필요한 것이라고 생각하면 틀림이 없다.

방송을 하기 위해서는 먼저 마음을 차분하게 가라앉히고 시선을 내부로 돌려 자기 자신을 살피는 것이 우선이다. 자신의 몸을 구석구석 마치 밖에서 제삼자가 들여다보는 것처럼 객관적으로 살펴본다.

그리하여 몸의 안과 밖이 분리된 느낌이 들면 몸의 모든 부분에서 긴장을 없애 나간다. 머리와 목, 어깨의 순으로 힘을 뺀다. 온몸의 관절이란 관절이 마디마다 늘어난다고 생각하면 된다. 남들이 보기에 가만히 서 있는 것처럼 보이겠지만 몸속에서는 이 많은 동작이 신속하게 이루어져야 하는 것이다.

이런 방송 상태가 태극권을 시작하는 예비세 단계에서 시작되어 수련이 끝날 때까지 계속 유지되어야 한다. 예비세에서 방송을 하는 것도 쉽지 않은데, 용하게 방송이 되었다 하더라도 투로를 진행하는 동안 이 상태를 유지하는 것이 초보자들에게는 쉽지 않은 일이다.

그렇다고 방송을 유지하며 수련하기 위해서 방송을 연습하려면 엄청난 시간이 필요할 뿐 아니라, 그런 연습을 오래 할 수도 없는 노릇이다. 수련 중에는 우선 간단하게 어깨를 낮춘다고 생각하고 지속적으로 방송을 할 수 있도록 노력하는 수밖에 없다.

입신중정(立身中正)

글자 그대로 '바르게 선다.'는 뜻이다. 한 쪽으로 기울거나 앞으로 수그리는 것은 물론 뒤로 젖혀서도 안 되며 어느 한 쪽으로도 삐딱하지 않도록 바르게 서야 한다.

겉으로 보기에 바르게 서는 것만으로 되는 것이 아니다. 태극권에서의 '바르게 서다.'라는 말은 우리가 일반적으로 쓰는 '바르게 선다.'는 뜻과는 약간의 차이가 있는데, 척추를 바르게 편다는 뜻도 가지고 있다.

사람의 척추는 경추가 뒤로 굽어져 있어 머리를 지탱하고 있으며, 요추 부분이 앞쪽으로, 또 꼬리뼈는 약간 뒤로 구부러져 있다. 태극권의 '바르게 선다.'는 의미는 이처럼 S자 형태로 구부러져 있는 척추를 바르게, 좀 과장해서 말하면 C자 형태로 펴준다는 의미를 포함하고 있다.

턱을 당겨서 경추를 곧게 해주고, 배를 불러들여서 요추를 펴주고, 꼬리뼈를 아래로 낮추어(미려중정) 척추 전체를 바르게 편다.

이 자세는 예비세에서만 갖추고 끝나는 것이 아니라 예비세에서 자세를 갖추어 투로가 시작되는 처음부터 투로가 끝날 때까지 척추를 편 채로 수련해야 한다.

허령정경(虛靈頂勁)

정두현(頂頭懸)이라고도 하며, 목의 긴장을 풀고 머리의 자세를 바르게 유지함으로써 정신과 기가 머리꼭대기를 관통하도록 유도한다. 정두현이란 머리꼭대기에 실을 매어 위로 매단 것 같은 모습이라는 말이다.

침견추주(沈肩墜肘)

침견은 양어깨의 긴장을 풀고 자연스럽게 아래로 내리는 것이며, 추주는 양쪽 팔꿈치 관절의 긴장을 풀고 느슨하게 하여 아래로 처지게 하는 동작이다. 어깨나 팔꿈치가 위쪽으로 올라가 있으면 기(氣)는 단전으로 가라앉지 못하고 중심도 쉽게 흔들리게 된다.

함흉발배(含胸拔背)

함흉은 가슴 부위에 힘을 빼고 안으로 약간 움츠리는 것을 말한다. 그러나 가슴을 내밀지 말라는 의미로 이해된다. 실제로 가슴을 안으로 움츠리라는 것이 아니라, 그런 느낌이 들 정도로 아주 자연스럽게 편안한 자세를 취해야 한다는 것이지 무리하게 자세를 만들라는 것을 의미하지는 않는다.

한편으로는 가슴을 펴라고 하면 가슴을 내밀고 위풍당당하게 서는 것을 생각하게 된다. 그럴 경우 부득이하게 상체에 힘이 들어가고, 요추도 S자 형태로 굽혀져 입신중정에서 요구하는 것처럼 척추를 펴기 어려워진다.

흔히 특정 유파의 태극권, 특히 추수를 장기간 수련한 사람들이 몸은 비대해진 채, 어깨를 안으로 우그러뜨리고 고개를 앞으로 숙인 기형적인 자세를 취하고 다니는 경우가 있는데 이는 함흉발배를 잘못 해석하고 수련한 결과라고 하겠다.

함흉은 상체의 기를 하복부의 단전 부위로 가라앉히는 작용을 한다. 함흉은 임맥(任脈)*의 소통을 돕고, 발배는 독맥(督脈)**의 소통을 촉진시킨다.

*임맥(任脈) : 기경팔맥의 하나로 회음에서 시작하여 신체 정면의 중앙선을 따라 입술을 지나 눈속으로 들어가는 경맥이다. 음경을 통솔한다.

**독맥(督脈) : 양경을 통솔하는 경맥으로 미추골에서 시작하여 등 뒤 중앙선을 따라 백회까지 연결된다.

기침단전(氣沈丹田)

1장에서 설명한 것과 같이 예비세에서 기침단전이 된 상태에서 투로를 수련하도록 한다.

내외합일(內外合一)

內는 정신적 작용을 가리키는 말이다. 『태극권론』에서도 정신이 우두머리가 되어 신체를 움직인다고 기술되어 있는데, 해부학적으로 정신은 대뇌피층이다. 이것이 신체활동을 조절한다. 내외 상합을 완성시키기 위해서는 정신을 침착하게 하여 의식을 안으로 수렴, 집중시키고 동작이 일어날 때마다 의념과 기가 긴밀하게 배합되도록 노력해야 한다.

태극권의 기본동작

보형

-평행보(平行步) : 두 발을 나란히 어깨넓이로 벌리고 서 있는
자세를 말한다. 기세와 수세의 동작을 할 때 사용되는 보법이다
(2-20).
-궁보(弓步) : 가장 많이 쓰이는 보법으로 한 쪽 다리를 구부
려 체중을 싣고 서 있는 자세를 생각하면 된다(2-21).

〈2-20〉

〈2-21〉

-허보(虛步) : 한쪽 무릎을 구부려 체중을 싣고, 한 발 앞에
다른 한 쪽 발끝으로 땅을 딛는 보법을 말한다. 수휘비파 등의
자세에서와 같이 경우에 따라서는 발끝이 아닌 발뒤꿈치를 딛기
도 한다(2-22, 2-23).

〈2-22〉 〈2-23〉

〈2-24〉 〈2-25〉

　-부보(仆步) : 한쪽 무릎을 최대한 굽혀 발 위에 앉는 것처럼
한 상태에서 다른 한 쪽 다리는 펴서 그 발끝이 구부린 발뒤꿈치
와 일직선상에 오도록 앉는 상태를 말한다(2-24).

　부보(仆步)는 진식 태극권의 '작지룡'이라는 동작이 변형된 형
태다. 비교적 격렬한 동작으로, 나이가 든 사람들은 무릎이 다치
는 일이 없도록 주의해야 한다. 특히 겨울에는 무릎 보호대를 사
용하는 것이 좋다.

-독립보(獨立步) : 하세독립과 같이 한 쪽 다리의 무릎을 굽혀서 들어 올리고 다른 한 쪽 다리로 서 있는 보형을 말한다(2-25).

-정보(丁步) : 한 쪽 다리는 무릎을 굽히고 체중을 실은 상태에서 나머지 한 쪽 발 앞부분을 다른 발의 옆에 살짝 대는 보형으로, 보통 보형을 바꿀 때 중간 동작으로 나타난다(사진 2-26).

〈2-16〉

그 외에도 측궁보, 반마보, 횡단보 등의 여러 보형이 있다.

보법과 퇴법

-상보(上步) : 발을 앞으로 내딛는 동작을 상보라고 한다. 체중을 한 쪽 다리로 이동한 후 다른 발을 들어 발뒤꿈치를 내딛고 난 후 체중을 이동하면서 발바닥 전체를 땅에 댄다(2-27).

－퇴보(退步) : 뒤로 물러나는 보법으로 상보와는 달리 발끝을 먼저 땅에 대고 난 후 중심을 이동시킨다(2-28).

〈2-27〉   〈2-28〉

〈2-29〉   〈2-30〉

－측행보 : 운수와 같이 한쪽 발에 중심을 이동한 후 다른 발을 옆으로 벌려 이동하는 보법을 말한다(2-29).

－등각(蹬脚) : 다리를 들어 뒤꿈치로 상대를 차는 퇴법이다(2-30). 등각과 달리 발끝을 펴서 차는 퇴법을 분각이라고 한다.
기타 박각이나 파련을 비롯한 여러 가지 퇴법이 있다.

수형(手型)

▶장(掌)

손바닥을 말한다. 양식태극권에서는 미인수(美人手)라고 한다. 다섯 손가락의 힘을 빼고 자연스럽게 편다. 손가락에 힘을 주어 손가락이 쫙 펴지지 않도록 주의하고, 엄지손가락은 약간 벌려준다.

수련할 때 수형에 대하여 특별히 권이나 구를 지정하지 않으면 미인수를 기본으로 하여 수련한다. 즉 태극권 수련의 기본 수형인 것이다(2-31).

진식 태극권에서는 와룡장(臥龍掌)을 쓰는데, 미인수에서 엄지와 새끼손가락을 약간 모아주는 형태를 말한다. 기타 팔지장 등이 있다(2-32).

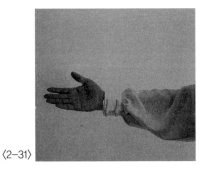
〈2-31〉

〈2-32〉

▶권(拳)

손가락을 말아 쥐고 엄지손가락을 중지 두 번째 마디에 대고 주먹을 쥔다. 이때 힘을 주지 않고 자연스럽게 쥔다(2-33).

▶구(勾)

다섯 손가락의 끝을 자연스럽게 모으고 손끝이 아래를 향하도록 손목을 약간 굽혀 준다. 단편이나 천장하세(하세독립)에서 주로 쓰인다(사진 2-34).

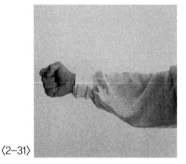

⟨2-31⟩   ⟨2-32⟩

수법(手法)

▶권법

①충권 : 진보반란추에서처럼 주먹을 허리에서부터 손목을 돌리며 뻗는 동작을 말한다(2-35).

②관권 : 쌍봉관이에서처럼 아래에서 위로 돌려서 치는 동작이다(2-36).

③이 외에도 아래로 내려치는 재권, 주먹의 등으로 내려치는 별권, 주먹을 아래에서 안쪽으로 돌려 치는 반권, 몸통 옆 뒤쪽으로 지르는 천권 등이 있다.

〈2-35〉

〈2-36〉

▶장법

①추장 : 루슬요보에서와 같이 장을 앞으로 내미는 장법이다. 태극권에서 가장 많이 쓰이는 장법으로 단추장, 쌍추장 등이 있다(2-37).

②류장 : 루슬요보에서와 같이 손으로 상대의 공격을 걷어내는 장법이다(2-38).

〈2-37〉

〈2-38〉

③란장 : 손바닥을 세워 잡아채거나 막아내는 장법이다(2-39).

④분장 : 두 팔을 모아서 좌우로 나누어 펼치는 장법이다. 등각에서 볼 수 있다(2-40).

〈2-39〉

〈2-40〉

⑤운장 : 운수에서 쓰이는 장법으로 두 손이 원을 그리도록 돌리는 장법을 말한다(2-41).

⑥천장 : 하세독립과 같이 손끝으로 찌르는 장법이다(2-42).

〈2-41〉

〈2-42〉

⑦포장 : 손바닥을 서로 마주보게 하는 수법이다. 마치 큰 공을 안고 있는 모습 같다고 해서 포구(抱球)라고도 한다(2-43).

〈2-43〉

그 외에도 가장, 도장, 벽장, 감장, 압장, 탁장, 말장 등 다양한 장법이 있다.

안법(眼法)

태극권을 수련할 때 시선을 처리하는 방법을 안법이라고 한다. 방송이 된 상태, 즉 몸의 긴장이 풀이진 상태에서 동작을 하기 위해서는 의념이 움직여야 하는데 바로 시선이 향하는 곳으로 정신이 집중되면 의념이 따라가 몸이 움직이게 되므로 안법은 무척 중요한 요소다.

시선을 어떻게 할 것인가를 동작 하나하나마다 일일이 설명할 수는 없겠지만 동작을 펼칠 때는 똑바로 앞을 보고, 한 가지 동작에서 다음 동작으로 연결될 때마다 시선은 손과 발, 몸의 방향

등과 조화를 이루어야 하는데, 앞에 위치한 손을 따라 가는 것이 일반적이다. 다시 말해 주 동작을 수행하는 손을 쫓아가면 된다.

말은 간단하지만 태극권을 처음 수련하는 사람에게는 시선의 처리가 무척 어렵게 느껴진다. 태극권을 수련할 때 신경을 써야 할 점이 한둘이 아니라서 일반적으로 초보자들은 손과 발의 움직임에 정신을 집중하느라 다른 것들에 주의를 돌릴 수 없기 때문이다.

그럼에도 호흡에 대한 설명을 뒤로 미루는 것과는 다르게 처음부터 안법의 요령을 설명해 주는 이유는 시선이 움직이면 시선을 따라 손발의 움직임이 허리와 자연스럽게 어우러지게 되고 의념을 따라 정신이 집중되기 때문이다.

태극보(太極步)

태극권을 가르칠 때 가장 먼저 태극보를 가르친다. 또 평소에도 수련을 위해 준비운동을 한 후 본격적인 투로를 시작하기 전에 태극보를 수련하는 것이 좋다.

각종 미디어에서도 탄탄한 허벅지를 만드는 방법으로 가장 먼저 추천한 것이 태극보였으며 태극권이 건강에 좋은 이유 또한 태극보 때문이라고 방영되었다.

태극보는 허벅지 근육을 키우고, 무릎 관절을 강화시켜 관절염 예방은 물론 낙상 방지 효과와 더불어 대사량을 높여 각종 성인병 예방과 치료에 효과가 있다고 설명하고 있다.

태극권의 모든 동작은 체중 이동을 바탕으로 한다. 태극권이라는 명칭도 끊임없이 체중 이동을 하면서 움직이는 형태가 바로 끊임없이 음과 양이 변화하는 태극의 원리와 같다고 해서 붙여진 것이다.

(1)상체를 바르게 세워 긴장을 풀고 무릎을 약간 굽힌다. 굽힌 무릎이 발끝보다 앞으로 나가지 않도록 한다. 두 팔은 뒷짐 지는 것이 좋다. 태극보를 수련하는 동안은 늘 무릎이 굽혀져 있는 상태를 유지하여 머리 높이가 항상 일정해야 한다.

(2)왼발을 오른발과 직각으로 오른발 뒤꿈치 끝을 연장한 선보다 밖으로 나가도록 한 발 내 딛는다. 내미는 발은 나중에 허리를 틀어 상체를 돌렸을 때 다리가 꼬여서 몸의 균형을 잃지 않도

록 하기 위해서 다른 발의 뒤꿈치 연장선보다 밖으로 나가도록 놓아야 한다.

(3)왼발 뒤꿈치 발의 바깥쪽, 발가락 순으로 땅에 닫도록 하면서 체중을 오른발로 이동시킨다. 머리가 몸을 끄는 형식이 아니라 '오른쪽 허벅지가 상체를 밀어주면' 그에 따라 곧게 서있는 상체가 수평이동을 하도록 해야 한다.

(4)오른쪽 허벅지로 상체를 끝까지 밀어 왼쪽 무릎을 굽히는 궁보가 완성될 때 오른쪽 발끝을 몸 안쪽으로 30도 정도 틀면서 ('잠근다.'고 표현한다) 허리가 돌아가, 결과적으로 상체가 왼발의 방향과 일치되도록 한다.

(5)방향을 전환하기 위해 체중을 이동하고 발끝을 돌려준다. 우선 오른쪽 무릎을 바깥쪽으로 벌려서 고관절을 열고 체중을 오른발로 이동한다, 즉 왼쪽 허벅지로 상체를 밀어준다.

(6)왼발 끝을 바깥쪽으로 90도 돌리고('열어준다.'고 표현), 오른쪽 허벅지로 상체를 밀어 체중을 이동한 다음 발꿈치, 발끝의 순서로 오른발을 들어 왼발 발꿈치 어림에 발끝을 땅에 댄다(정보).

(7)2번의 요령과 같이 오른발을 내딛은 다음 3~5번의 동작을 좌우를 바꾸어 실시한다.

(8)머리의 높이를 일정하게 유지하고, 상체를 방송하여 긴장을 완화시킨 채, 1번에서 7번까지의 동작을 아홉 번 반복한다.

태극권의 방위

태극권을 수련할 때는 남쪽을 향해 서서 시작한다. 일반적으로 남쪽은 앞쪽을 말한다. 우리나라가 북반구에 위치하고 있어서 집을 남향으로 지어야 햇볕이 잘 들고 제대로 된 생활을 할 수 있기 때문에 남쪽을 바라보고 생활하는 것이 습관으로 굳어졌기 때문이다.

서울에는 시내 한복판에 남산이 있는데 남향으로 지어진 왕궁에서 보았을 때 남쪽에 있는 산이기 때문에 남산이다. 그 뜻은 앞산이 되는 것이다.

남쪽은 오행으로 화(火)에 해당하는 방위다. 북은 수(水)에 해당하는데, 결국 북동남서 순으로 각각 수목화금(水木火金)이 된다. 여기에 중앙은 토(土)에 해당하는데, 오행으로는 상생 방향으로 수목화토금이라 칭하고 있으며, 방위로 치면 북, 동, 남, 중앙, 서가 된다.

신체의 오장육부 중에서 심(심장)이 화에 해당된다. 화에 해당되는 심장이 남쪽을 향하게 서서 태극권을 수련한다는 이치다. 남쪽을 바라보고 서면 등은 북쪽을 향하게 된다. 등의 척추 양쪽에는 신장(콩팥)이 있는데 수에 해당하는 신(腎)이 꼭 신장만을 의미하는 것은 아니다. 한의학에서는 '신'이 생식기능을 담당하는 중요한 장기로 취급된다.

각 방위와 오행, 신체기능과의 관계를 설명하는 그림은 우리 생활 주변에서도 흔히 볼 수 있으니 적절히 참고하면 되겠다.

남동 산(山) 동(冬)	남(南) 화(火) 붉은색 심장 전진(前進)	남서 뇌(雷) 춘(春)
동(東) 목(木) 청색 간장 **일(日)**	중앙 토(土) 황색 비장 중정(中正)	서(西) 금(金) 흰색 폐 **월(月)**
북동 풍(風) 추(秋)	북(北) 수(水) 흑색 신장 후퇴(後退)	북서 택(澤) 하(夏)

〈방위와 오행* 및 신체 각 장기와의 관계〉

*방위와 오행 : 붕, 리, 제, 안, 채, 열, 주, 고는 팔괘(八卦)에 해당하고, 진(남, 화), 퇴(북, 수), 고(동, 목), 반(서, 금), 정(중앙, 토)은 오행에 해당하여 결국 태극권은 팔괘의 기법이 오행원리에 따라 움직이는 팔문오보(八門五步)의 형태로 구성되어 있다.

　태극권을 수련할 때의 방향은 일반적으로 앞뒤나 좌우로 말하기보다는 동서남북으로 설명한다. 물론 팔이나 다리의 움직임을 지칭할 경우는 좌우로 표현하지만, 팔다리나 몸의 방향전환을 설명할 때는 동서남북으로 표현한다. 결과적으로 남쪽은 앞 방

향, 북은 뒤쪽을 말하고, 오른쪽이 아닌 서, 왼쪽 대신 동쪽이라
고 부른다.

앞에서 언급했듯이 각 방위에 해당하는 장기가 있고 방향을 전
환하거나 특정 방향으로 움직이는 것은 그 장기에 자극을 준다
는 의미인데, 태극권의 동작 투로는 상생 방향으로 이루어지고,
각 해당 장기에 순차적으로 자극을 주기 때문에 상생방향으로
움직이도록 고안된 동작 투로를 수련함으로써 인체의 기가 경락
을 따라 순조롭게 흐를 수 있게 해주고, 내공 수련에 도움을 줄
수 있는 이치가 바로 그것이다.

이 때문에 각 동작과 투로를 수련할 때 방향에 맞게 수련하는
것은 대단히 중요한 일이다. 선생마다 태극권을 가르칠 때는 손
동작, 발의 위치 하나하나마다 세세하게 방위를 강조하고 있다.
일부 심하게 이야기하는 사람은 방위를 적절하지 않게 수련을
하면 주화입마*의 위험이 있다고 강조하는데, 전혀 근거가 없는
말이라고 할 수만은 없다.

*주화입마 : 走火入魔, 운용 잘못으로 몸속의 기가 뒤엉켜 통제할 수
없는 상태

그러나 태극권을 수련할 때 남쪽을 향해 서서 수련해야 한다고
하지만, 경우에 따라서는 얼마든지 융통성을 발휘할 수 있다. 가
령 서쪽에 수려한 경치가 있다거나, 동쪽에 아름다운 꽃밭이 있
는데 고집스럽게 남쪽을 바라보고 수련을 한다면 정말 바보 같
은 일일 것이다.

또 남쪽을 바라보고 수련하는 것이 곤란할 때가 있다. 북쪽에

물이 흐르고 있다거나, 낭떠러지와 같은 것이 있는 장소를 등지고 수련하는 것은 위험한 일이기 때문에 위험할 수도 있는 곳을 마주보고 수련하는 것이 합리적일 것이다.

고지식하게 남쪽만 바라보기보다는 수련을 하는 장소에 맞는 방향을 선택하되, 수련을 시작하는 앞쪽이 남쪽이라고 생각하고 수련을 시작하면 되겠다. 기왕이면 경치가 좋고, 널찍해서 쾌적하고, 조용한 곳에서 수련하는 것이 좋다.

수련은 인시에 하는 것이 좋다고 한다. 인시(寅時)는 새벽 세 시에서 다섯 시까지를 말하는데, 여기서 인시는 새벽 다섯 시쯤을 말한다. 새벽 다섯 시는 바로 동이 틀 무렵이다. 이때가 바로 하루 중에서도 양기가 가장 왕성할 때라서 그럴 것이다. 우리나라는 동경 135도를 표준시로 삼고 있어서 실제 정오가 30분이 늦다. 그렇기 때문에 여름에는 다섯 시 반, 봄가을에는 여섯 시 반쯤에 수련하는 것이 좋다.

예비세

예비세란 투로를 수련하기 전에 취하는 준비 자세를 말한다. 일반적으로 모든 투로가 기세로 시작하는데 그 기세를 하기 위해 바로서서 방송을 하고 마음의 준비를 하는 것을 말한다.

예비세가 겉으로 보기에는 가만히 서 있는 것처럼 보이지만 겉보기와 달리 상당히 많은 준비와 엄청나게 복잡한 과정을 필요로 하는 것이므로 가볍게 여길 수 없는 중요한 부분이다.

예비세를 제대로 하지 않고 태극권을 수련한다는 것은 사상누각과 같기 때문에 예비세가 태극권 수련 그 자체라고 해도 과언이 아니다.

바로 예비세를 제대로 실행하기 위해서 앞에서와 같이 태극권의 기본자세에 대해 장황하게 설명을 했던 것이고, 기세를 시작하기 전의 그 짧은 시간 동안 복잡다단한 과정을 거쳐 태극권 수련을 위한 준비를 마쳐야 하는 것이다

예비세란 투로를 수련하기 위해 움직이기 전에 자세를 바르게 세우고 호흡을 가다듬으면서 의념을 단전에 집중시켜(기침단전) 잡념을 없애고 고요한 상태를 만드는 준비를 말한다.

양 어깨의 견정혈을 발바닥의 용천혈로 떨어뜨리고, 양쪽 겨드랑이 사이에는 작은 풍선이 끼워졌다고 생각한다(침견추주). 경추는 힘을 빼서 바르게 펴서 긴장을 해소한다. 혀끝을 윗니 뿌리에 살짝 붙이고 아래위 어금니가 가볍게 닫도록 악관절을 이완시킨다(허령정경).

무릎은 바르게 펴되 힘을 주어 끝까지 펴면 관절이 꺾어지듯이 긴장되므로 자연스럽게 펴야 한다. 골반을 아래로 가라앉혀서 고관절을 방송하고, 꼬리뼈는 그 끝이 아래로 내려지도록 앞쪽으로 당겨준다. 항문을 조이고 배를 불러들여 요추가 방송되어 펴지도록 한다.

전육재(1922년 중국 하북성 출생)*는 예비세의 과정을 아래와 같이 설명하였다(김창원 번역, 재인용).

*전육재 : 錢育才 1922년 중국 하북성 출생, 태극권 연구가, 일본에서 활동, 『太極拳理論の 要諦』의 저자

먼저 외형을 갖추게 한다.

(1)남쪽을 향해 두 발을 평행하게 주먹만큼 벌려서 선다.
(2)머리를 곧추 세우고 목의 힘을 빼고 턱은 가볍게 당긴다.
(3)혀끝은 위 잇몸에 붙이고, 침이 고이면 조용히 삼킨다.
(4)두 팔을 내리고 손가락을 붙지 않도록 자연스럽게 편다.
(5)무릎의 긴장을 풀고 다리를 자연스럽게 한다.
(6)시선은 전면을 향하되 아무 것도 보지 않는다.
(7)호흡은 편하게 하면서 단전에 주의를 집중한다.

두 번째로 내면의 조정으로 들어간다.

몸의 표층에서부터 점차 심층으로 편안한 상태를 만들기 위해

다음과 같이 의념한다(의념만 하는 것이며 실제로 몸을 움직이는 것이 아니다).

(8)머리는 백회혈에 위쪽으로 가는 실이 늘어져 있다(위로 당기는 것이 아니고)고 생각한다. 턱과 혀의 상태는 앞에서 한 그 상태이다(정두현에서 정의 경을 허로 인솔한다는 뜻).

(9)시선은 앞을 보지 않고 자신의 내면으로 향한다.

(10)어깨의 견정혈을 용천혈로 떨어뜨린다. 그러면 어깨의 긴장이 풀리고 침견이 된다. 일부러 어깨의 관절을 낮추는 것은 아니다.

(11)두 팔꿈치의 곡지혈이 팔 바깥쪽을 돌아 소해혈로 가게 한다. 이렇게 의념하면 팔꿈치의 외측 뼈가 풀어지고 밑으로 향하여 '추주' 상태가 된다. 일부러 팔꿈치 관절을 밑으로 내려뜨리는 것이 아니다.

(12)가슴의 유중혈이 단전으로 내려간다. 이 의념으로 가슴의 긴장이 풀리고 가슴이 정공이 된 것같이 느껴져서 함흉이 된다. 인위적으로 두 어깨를 안으로 모아서 가슴이 들어가게 만드는 것이 아니다.

(13)등의 협척혈이 상의에 닿는다고 의념한다. 이를 통해 척추가 풀리고 곧바로 늘어지는 상태가 된다. 발배가 이것이다. 머리, 고개, 어깨를 일부러 움직이는 것이 아니다.

(14)아랫배를 약간 뒤로 당긴다. 양 사타구니의 대퇴골 끝을 약간 바깥쪽으로 풀어서 열리게 한다. 이렇게 함으로써 요추가 낮춰지고 만곡도가 적어진다. 즉 송요(鬆腰)가 된다.

(15)미저골을 의식적으로 내려뜨려 그 끝이 앞쪽으로 큰 원으

로 연결하면 코 뿌리에 닿게 된다.

(16)의식적으로 무릎과 발목을 낮춘다.

세 번째로 몸을 누그러뜨리기 위한 심층 의념을 한다.

(17)전신의 피부가 근육으로부터 떨어져 나가 몸이 부풀어 오른다고 생각하면 전신의 피부의 긴장이 풀리고, 손끝에 충혈감이 나타난다.

(18)전신의 근육도 뼈에서 떨어져 나간다. 몸이 계속해서 팽창하고 투명해진 것 같은 느낌이 된다. 모세혈관의 혈행이 좋아지고 손끝의 충혈감이나 팽창감이 더욱 현저해진다. 골격도 투명해지는 것 같은 느낌이 들도록 한다.

(19)손가락의 뼈가 첫 관절에서 제2 관절, 제3 관절 순으로 차례로 떨어져 나가, 마침내 팔의 뼈가 손목에서 팔꿈치, 어깨의 순으로 차례차례 떨어져 나간다. 그러면 손과 팔이 길어져서 관절이 느슨해지고 뼈와 뼈 사이가 벌어지는 느낌이 든다.

(20)발가락이 앞으로 뻗어간다. 발목 그리고 무릎이 뒤로 간다. 등이 자꾸 자라는 느낌도 든다.

(21)다시 한 번 의식적으로 고관절을 옆으로 벌려 미저골을 밑으로 낮춘다.

(22)시계 반대 방향으로 돌아가는 나선이 미저골 위에서부터 척추를 돌며 회전하여 밑에서 위로 17회 회전해서 '대추혈'까지 간다. 척추의 관절이 모두 풀리고, 각추골 사이가 풀리는 느낌이 든다.

(23)턱을 다시 한 번 가볍게 뒤로 당겨 경추의 긴장을 푼다.

마지막으로 호흡을 조정한다.

이때 자기 몸이 부풀어 올라 투명체가 된 것 같은데, 어떤 인위적인 움직임이 없고 땅과 하나가 되어 움직이고, 가볍게 몸이 흔들리는 것 같은 좋은 기분이 된다. 그리고 자신의 호흡이 가늘고 길어지는 것을 느끼게 된다.

(24)숨을 들이쉴 때 배꼽이 몸 뒤 요추에 있는 명문혈에 다가 간다고 의념하며 숨을 깊게 들여 마신다.* 이때 가슴을 펴지 않도록 주의하면 기가 아랫배로 가는 것 같은 느낌이 든다.

*이런 호흡을 단전호흡의 역천법(逆天法)이라고 한다.

(25)내쉴 때는 배꼽이 다시 제자리로 온다. 기가 배꼽에서 밑으로 가서 양다리 내측을 따라 내려가 발의 엄지발가락을 통해 땅 속으로 들어가는 느낌이 든다.

이상과 같이 의념하면서 될 수 있는 한 조용히, 천천히 가볍게 3회 반복한다. 이런 상태에서 '태극권 연습을 시작하자.'는 의념이 생기면 비로소 연습에 들어간다(번역 김창원, 재인용).

태극권의 동작 원칙

연면원합(連綿圓合)

태극권의 동작은 시작부터 끝까지 이어져서 끊어지는 법이 없다(連). 또 솜과 같이 부드러운 권법, 즉 '면(綿)권'이라고 했는데 '부드러운 것이 강한 것을 이긴다.'는 역경의 이론에 부합된다. 그런가 하면 태극권은 계속하여 원을 그리며 움직이는 특성을 갖는다. 원(圓) 운동은 관절이 움직이는 데 적합하다. 네 번째로 태극권은 정신과 신체가 조화(合)를 이루어야 한다.

상하상수(上下相隨)

머리에서 발끝까지 모든 부분이 조화를 이루며 동시에 움직여야 한다. 상하가 조화를 이루면서, 손 하나를 움직일 때도 전신이 같이 움직여 주어야 한다. 양징보는 한 번 움직일 때 모든 것이 함께 움직이고(一動全動), 한 번 안정할 때 모든 것이 함께 안정하는(一靜全靜) 것을 말한다고 하였다.

태극권 동작에서 모든 발을 땅에 뿌리박고, 다리에서 발생한 힘을 허리로 통제하여 손에서 작용되도록 해야 한다. 여러 번 언급했듯이 손에 힘을 주어 뻗는 것이 아니라 다리가 상체를 밀어 허리가 움직이면 손은 그저 허리의 움직임을 따라갈 뿐이다. 상하가 모두 연관되어 힘이 전달되는 것이다. Isaac Newton의 제

3법칙인 '작용반작용의 법칙'이 바로 이것이다.

좌우상련(左右相連)

상하는 물론 좌우 역시 조화를 이루는 것 못지않게 평형을 이루는 것도 중요하다. 손을 내릴 때 무릎은 올라가거나 혹은 동시에 같이 내려간다거나, 손발이 동시에 서로 반대 방향으로 움직인다.

오른쪽을 들어줄 때, 왼쪽은 내려주고, 한 손을 시계 반대 방향으로 돌릴 때, 다른 손은 시계 방향으로 돌려준다. 이처럼 상하와 좌우가 연관되어 조화와 균형이 이루어지도록 한다.

내외상합(內外相合)

내(內)는 정신작용을 뜻하는 말이다. 무엇보다도 의념이 주체가 되어 몸이 의념을 따르도록 해야 한다. 즉 몸을 움직이는 것이 아니라 의념을 움직이면 몸이 따라간다. 정신이 앞서가야 행동이 가볍고 영활해진다.

정송침활(靜鬆沈活)

정은 내적 고요함을 말한다. 시선을 자신의 내부로 돌려 마음을 차분히 가라앉히고, 외부의 자신을 둘러싸고 있는 환경과는 분리된 자신의 내면을 느끼도록 해야 한다. 이 과정을 통해 자신의 몸의 구석구석을 들여다보고 전신 마디마디마다, 신경이 고르게 미치는 상태를 얻을 수 있다.

송은 방송을 말한다. 긴장을 풀고 이완시키는 것을 의미한다. 보통 긴장을 하면 어깨가 올라가는 현상이 발생하므로, 역으로 어깨를 낮추어주면 긴장도 풀린다고 이해할 수 있다.

태극권에서는 단순히 긴장을 이완시키는 정도로는 곤란하며 전신을 방송해야 한다. 입신중정, 허령정경, 침견추주, 함흉발배, 송요송과(鬆腰鬆跨) 등등 이 모든 것이 결국은 전신을 방송하기 위한 방법론을 설명한 것이다.

예비세를 설명하면서도 언급했지만 전신 뼈마디의 관절을 일일이 늘려주는 방법으로 방송을 한다.

침은 기침단전과 같이 기를 가라앉힌다는 의미다. 여러 번 언급했듯이 실체가 없는 기를 가라앉힌다는 의미는 몸의 중심을 낮춘다는 의미로 이해하면 편하다.

그러나 이러한 정, 송, 침이 그 자체만으로 끝나는 것이 아니라 움직이기(活) 위한 것임을 알아야 한다. 중심을 잡고, 긴장을 이완시킨 상태에서 기를 일으켜 조화를 이루며 영활하게 움직일 수 있는 의념으로 자리 잡고 있어야 한다는 뜻이다.

3장
24식간화태극권

24식간화태극권 소개

24식간화태극권은 국공내전*이 끝나고 5년이 흐른 1954년 중국의 국가체육위원회에서 '옛 것을 발굴해서 연구하고 정리하여 수준을 높인다.'는 방침에 따라 오도남, 진발과, 고서주, 전진봉, 이천기, 당호 등을 무술연구실로 초청하여 만들었다.

*국공내전 : 1946~1949 중국 국민당과 공산당이 중국재건을 둘러싸고 벌인 국내전쟁이다. 국민당이 대만으로 패퇴하고 공산당이 1949. 10. 1. 중화인민공화국을 수립하였다.

그 다음 해인 1955년에 이천기, 당호, 오고명 등이 재차 연구하여 양식 태극권을 기초로 역학의 원리를 적용하여 쉽고 간단하게 연습할 수 있도록 만들어, 전통 태극권 풍격을 갖추도록 하되 반복적인 동작을 수정하여 신중국제1부국가체육부 주관으로 무술교재인 『24식간화태극권』을 편찬하였다.

이 투로의 특징은 양식 태극권을 바탕으로 하여 내용과 동작이 부드럽고 균일하며, 자세는 바르고 편안하여 노인이나 어린이도 비교적 쉽게 배울 수 있고, 전통 태극권의 주요 기술과 내용의 기본적인 요령을 갖추고 있어서 낮은 단계에서부터 높은 단계로 심도가 깊어지는 내용이 단계별로 진행된다는 원칙 아래 만들어졌으며, 좌우 대칭으로 연속하도록 구성되어 있어서 수련의 효과를 높여준다는 점이다.

『24식간화태극권』은 1956년 정식으로 공표되어 중국 전역에서 보급용 태극권으로 각광을 받았다. 이 투로는 태극권의 기본동작과 원리가 잘 함축되어 있기 때문에 전 세계에 가장 널리 보급되어 있다.

'쉬운 것부터 어려운 것으로, 간단한 것부터 복잡한 것으로' 라는 원칙에 의거하여 만들어졌기 때문에 태극권을 배우는 사람은 누구나 24식간화태극권부터 시작하는, 태극권 입문의 기본 투로가 되었다.

24식간화태극권 투로 동작 명칭

(1) 기세(起勢)

(2) 좌우야마분종(左右野馬分鬃)

(3) 백학량시(白鶴亮翅)

(4) 좌우누슬요보(左右樓膝拗步)

(5) 수휘비파(手揮琵琶)

(6) 좌우도권굉(左右倒卷肱)

(7) 좌람작미(左攬雀尾)

(8) 우람작미(右攬雀尾)

(9) 단편(單鞭)

(10) 좌운수(左云手)

(11) 단편(單鞭)

(12) 고탐마(高探馬)

(13) 우등각(右蹬脚)

(14) 쌍봉관이(雙峰貫耳)

(15)전신좌등각(轉身左登脚)

(16)좌하세독립(左下勢獨立)

(17)우하세독립(右下勢獨立)

(18)좌우천사(左右穿梭)

(19)해저침(海底針)

(20)섬통비(閃通臂)

(21)전신반란추(轉身搬攔捶)

(22)여봉사폐(如封似閉)

(23)십자수(十字手)

(24)수세(收勢)

*24식간화태극권의 각 동작에 따른 태극권의 건강 효과는 '태극권24식이 건강에 미치는 영향에 대한 소고'라는 논문(이명찬 외, 2009)을 참조하여 설명하였음.

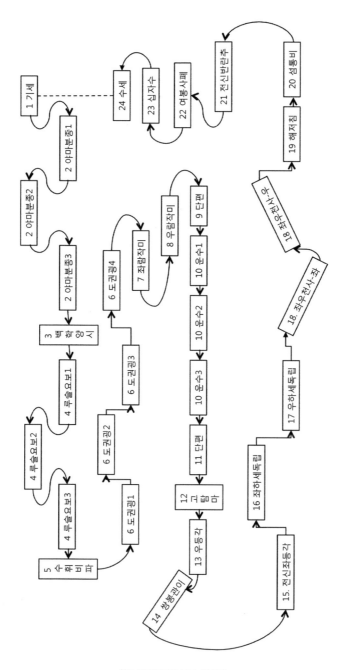

〈24식간화태극권 투로 흐름도〉

24식간화태극권의 구성

24식간화태극권은 모두 24개의 초식으로 구성되어 있다. 우리가 편의상 24개 동작이라고 말하고 있으나 좌우야마분종, 루슬요보, 운수 등은 세 번을 반복하고, 도권굉은 네 번, 좌우천사는 두 번으로 이루어져 있어서 실제로는 34개의 동작으로 되어 있다.

배우는 사람의 오성에 따라서 다르겠지만 빨리 배워도 한 달, 진도를 천천히 하면 3개월 정도가 걸린다. 그러나 이 모든 동작을 끝까지 배우려면 상당한 끈기가 필요하다.

이런 점을 고려하여 24개, 실제로 34개의 동작을 나누어 제1단에서 제4단까지 네 개의 단으로 구분하여 가르치고 있다. 각 단의 구분은 동작들 간에 무슨 특별한 연관성이 있어서 그런 것은 아니고, 각 단에서 배워야 할 동작의 양을 고려하고, 교습의 편의상 진행방향을 바꾸기 전까지의 동작들을 모아서 한 개의 단으로 구분하였다.

제1단은 1번 기세에서부터 5번 수휘비파까지 모두 다섯 개 동작, 실제로는 아홉 개 동작으로 구성되어 있고, 제2단은 6번 도권굉에서 9번 단편까지, 제3단은 10번 운수에서 15번 전신좌등각까지의 동작으로 구성되었다. 제4단은 16번 좌하세독립부터 24번 수세까지, 다른 단에 비해 동작 량이 많게 구성되어 있다.

24식간화태극권의 수련요령

태극권을 수련할 때는 동작이 부드럽고 완만하며 끊임없이 이어져 나가도록 해야 한다. 24식간화태극권 역시 태극권 투로 중의 하나이므로 투로를 수련할 때 요구되는 원칙이 다른 투로를 수련할 때와 다를 것이 없다. 태극권을 수련할 때 요구되는 모든 원칙을 지켜가며 수련에 몰입해야 그 효과를 얻을 수 있다는 것은 자명한 일이다.

그러나 24식간화태극권은 다른 투로와 달리 대부분의 태극권 입문자들이 태극권을 배울 때 24식간화태극권으로 배우기 시작한다는 차이점이 있다. 일부는 성급하게 42식태극권 수련에 바로 들어가기는 하지만 누구나 24식간화태극권으로 태극권 수련을 시작하게 된다.

따라서 24식간화태극권을 수련할 때는 다른 투로와 달리 몇 가지 원칙에 주의해야 한다.

첫째, 특히 정신을 집중해서 상하좌우가 조화를 이루도록 같이 움직이기 시작해서 같이 끝나도록 신경 써야 한다. 손과 발이 따로 움직여서는 안 되고 오른손을 움직이고 나서 왼손을 움직이기 시작하는 것 역시 곤란하다. 보형과 수형이 체중의 이동과 함께 이루어지도록 해야 한다.

둘째, 허실을 분명히 하면서 동작이 원활하도록 일정한 속도로 움직이면서, 원형으로 이루어진 동작이 마치 물 흐르듯이 끊임없이 연결되어야 한다.

셋째, 성격이 허락한다면 천천히 배우는 것이 좋다. 서두르지 말고 기초를 만들고 난 뒤 동작을 터득하여 요령을 정확히 파악하면 좋다. 그러나 많은 사람들, 특히 우리나라 사람들은 조급한 성격을 가지고 있어 길게는 3개월, 아무리 짧아도 한 달 이상 걸리는 투로를 배우다 보면 지겨운 생각이 들 수가 있다. 경우에 따라서는 전체 투로를 대충 훑고 나서 동작 하나하나를 교정해 나가는 방법도 있겠으나, 이때는 동작을 정확히 익혀야 나쁜 습관을 방지할 수 있다.

넷째, 움직이는 속도가 일정해야 한다. 동작에 따라 빨라지거나 느려져서는 안 된다. 숙달된 뒤에는 좀 빨라져도 좋고 또 늦어져도 좋지만, 처음부터 끝까지 일정한 속도를 유지해야 한다. 투로 전체를 수련하는 데 6분이 걸리면 정상적인 속도다. 천천히 하면 더 좋겠지만 초보자에게는 쉽지 않은 일이다.

다섯째, 머리의 높이가 일정하도록 주의해야 한다. 즉 무릎을 약간 구부린 상태를 유지해야지 무릎을 폈다 구부렸다 하면 곤란하다. 동작이 숙달되고 다리의 근육이 단련되어 낮출 수 있으면 더 낮추는 것이 좋으나 무리하게 낮출 필요는 없다.

여섯째, 운동량을 적절하게 해야 한다. 비록 태극권이 다른 운동과는 달리 운동량이 적은 것처럼 보이지만 몸의 각 관절, 특히 무릎을 일정하게 굽힌 채 느리게 움직이는 것이 필요하기 때문에 일정한 운동량이 필요하다.

제1단

기세/좌우야마분종/백학량시/루슬요보/수휘비파

제1단은 첫 번째 기세에서부터 다섯 번째 수휘비파까지 모두 다섯 개 동작으로 구성되어 있다.

순번	동 작	수형, 수법	보형, 보법	유파
1	기세	장	평행보	양식
2	좌우야마분종	장, 고(靠)	궁보, 상보	양식
3	백학량시	장, 양장	허보, 활보	양식
4	루슬요보	추장, 류장	궁보, 상보	양식
5	수휘비파	장, 합수	허보, 활보	양식

〈제 1단 기술적 구성〉

1. 기세(起勢)

기세는 예비세의 자세에서 시작한다. 조용히 호흡을 가다듬고 심신을 안정시킨다. 방송을 한 상태에서 동작을 취하는데, 머릿속의 잡념을 없애고, 수련을 잘하겠다고 생각한다.
방송을 한다는 것은 근육의 긴장을 이완시킨다는 것이다. 원래 움직인다는 것은 근육을 수축시켜야 할 수 있기 때문에 방송을 하고 동작을 취한다는 말 자체가 모순이다.

문헌에서는 방송을 한 상태에서 의념(움직이려는 뜻과 생각)으로 움직인다고 설명하고 있으며, 방송을 한 상태에서 최대한 힘을 적게 들여 서서히 움직인다는 정도로 이해하면 된다.

①예비세의 자세에서 서서히 체중을 오른발로 옮긴다. 체중을 옮기는 순서는 먼저 오른쪽 엉덩이를 눌러 고관절을 오른쪽으로 밀어주고 오른발 뒤꿈치를 거쳐 바깥쪽 가장가리를 통해 발가락까지 체중이 퍼지도록 한다(3-1).

②왼발 뒤꿈치를 땅에서 떼고, 이어서 발끝도 떼어서 무릎을 약간 굽히며 왼발을 들어 올린다. 사람에 따라서는 발로 지면을 스치듯이 옮기는 사람이 있는가 하면, 어떤 이는 과장되게 무릎 높이까지 들기도 하는데, 오랜 기간 수련을 한 사람이 아니라면 권할 만한 동작은 아니다.

그리고 왼발을 오른발과 평행하게 어깨넓이로 벌려, 발끝과 왼발 바깥쪽 가장자리를 지면에 붙이고 최종적으로 발뒤꿈치가 땅에 닿도록 한다.

오른발에 옮겼던 체중을 역순으로 두 발에 균등하게 나누어 바르게 선 다음에 두 손등이 정면을 향하도록 팔을 약간 비틀어 준다(3-2).

〈3-1〉　　　　　　　　　　　　　　　〈3-2〉

　대부분의 사람들이 자신의 어깨넓이보다 더 넓게 벌린다. 어려서부터 맨손체조를 배우면서 다리를 어깨넓이로 벌리는 동작을 하는데 은연중에 동작을 크게 하는 버릇이 들어서 그렇다. 그냥 왼쪽 발을 가볍게 들어 올린 후 어깨넓이로 벌린다고 의식하지 말고 무심코 내려놓으면 어깨넓이가 된다.

　또 일반적으로 사람들이 평행하게 발을 내려놓더라도, 왼발이 오른발보다 앞으로 나오거나 뒤에 놓이는 것은 물론 평행하지 않고 삐딱한 경우가 많다.

　이것은 자신도 모르게 척추가 틀어져 있기 때문인데, 그렇다고 발을 내려다보면서 수련을 할 수는 없으니 바르게 하겠다는 의념으로 오랜 기간 수련을 하면 고쳐진다.

　③의념으로 손등이 위로 향하게 하여 두 팔을 어깨 높이까지 천천히 들어올린다. 이때 침견추주에 주의하여 팔꿈치는 아래로 자연스럽게 늘어뜨리고, 특히 어깨가 올라가지 않도록 주의한다 (3-3, 3-4).

④무릎을 약간 굽히면서 두 팔을 배 높이까지 천천히 내린다. 이때 무릎이 발끝보다 앞으로 튀어나오지 않도록 주의한다(3-5).

〈3-3〉   〈3-4〉   〈3-5〉

　두 손을 들어 올릴 때는 의념을 손끝에서부터 어깨에 이르게 하여 어깨가 올라가지 않도록 주의한다. 손을 내릴 때는 어깨에서 손끝으로 의념을 이동시킨다.

　머리와 목을 똑바로 하여 허령정경이 되도록 하고, 턱을 약간 당기고 가슴을 앞으로 내밀거나 배를 불러들이지 않도록 정신을 집중시킨다. 무게중심을 가운데로 옮기며 자세를 낮출 때는 허리를 펴고 엉덩이가 튀어나오지 않도록 한다.

　어깨와 팔에 힘이 들어가지 않게 하여 침견추주를 이루면서 손가락의 힘도 빼서 바짝 펴지도, 그렇다고 구부러지지도 않게 만들고 그 중심이 양발 중간으로 떨어지게 한다. 두 팔을 내리는 동작과 몸을 아래로 낮추는 움직임은 동시에 시작해 동시에 끝나도록 같이 움직인다.

　미려중정을 통해 꼬리뼈를 말아주고 괄약근에 힘을 줘서 항문이 닫히도록 한다.

2. 좌우야마분종(左右野馬分鬃)

글자 그대로 야생마가 머리를 좌우로 흔들며 벌판을 달리는 모양 같다고 해서 이런 명칭이 붙었다. 이 동작은 좌야마분종, 우야마분종, 그리고 다시 좌야마분종, 모두 세 번을 반복한다.

신장과 방광 등의 기능을 강화시키고, 당뇨병에 대한 치료 효과가 있다.

(1)좌야마분종

①기세 때와 같은 요령으로 체중을 오른발로 옮기면서 허리를 왼쪽으로 약간 틀고 왼쪽 발끝을 오른발 옆으로 가져와 바닥을 딛는 정보(丁步)로 선다.

동시에 오른손은 손등이 위로 가게 올려서 호형을 그려 가슴 높이까지 올리고, 왼손은 손바닥이 위로 가도록 단전 높이에 이르게 하여 두 손바닥이 마주보게 하여 마치 커다란 공을 안고 있는 모양(포구, 抱球)이 되도록 한다(3-6, 3-7).

포구(포장)는 한 동작에서 다음 동작으로 연결될 때 자주 나타나는 수법이다. 이때는 양쪽 겨드랑이가 붙지 않도록 해야 하다, 역시 팔꿈치가 손목보다 낮게 놓이도록 한다.

②눈을 동쪽으로 돌리면서 왼쪽 발꿈치를 동쪽으로 한걸음 내딛는다(3-8).

③허리를 틀면서 체중을 왼발로 옮겨서 궁보를 만든다. 동시에 아래에 있던 왼손을 어깨 높이로 올려 주고, 위에 있던 오른손은 바닥으로 내리 누른다(3-9).

〈3-6〉 〈3-7〉

〈3-8〉 〈3-9〉

이 동작을 취할 때 왼손은 허리를 틀며 궁보를 취하는 상체를 따라가게 하고, 오른손은 제자리에서 밑으로만 움직여 준다. 다시 말하면 왼손을 올리기만 하고 제자리에 그대로 둔 상태에서 오른쪽 다리로 상체를 왼쪽으로 밀어주면서 허리를 틀어주면 왼팔은 상체를 따라 움직이게 된다. 동시에 오른손은 상체를 따라가지 않고 제자리에서 높이를 낮추면 대략 오른쪽 허벅지 옆에 놓이게 된다. 팔을 움직이는 것이 아니라 허리를 틀면서 체중을 이동하는 것이다.

체중의 이동과 상체의 움직임, 손의 움직임은 동시에 시작해서 동시에 끝나도록 한다(3-10).

⑤이어서 오른쪽 발끝 혹은 발뒤꿈치를 45도 정도 틀어주면서 상체가 온전히 동쪽을 향하여 완전한 좌궁보 자세가 되도록 한다(3-11).

〈3-10〉

〈3-11〉

⑥과정 중에 시선은 왼손을 향하게 한다. ②의 동작에서 내딛는 동작을 시작하는 것과 동시에 ③의 동작인 포구에서 양손이 나뉘는 동작이 구분되지 않고 같이 시작되어도 좋으나, 초보자의 경우 일반적으로 발을 내딛음과 동시에 궁보를 취하고 나서 상체와 팔을 따로 움직이는 경향, 즉 손과 발, 상체와 하체가 따로 움직이는 경향이 있으므로 처음에는 구분 동작으로 연습하

고, 나중에 익숙해지면 저절로 부드럽게 연결된다.

  (2)우야마분종

  ⑦오른쪽 무릎을 벌려서 고관절을 열어준 다음, 체중을 오른쪽
으로 옮기고, 왼쪽발끝을 살짝 들어서(3-12) 북쪽(뒤쪽)으로 돌
린다(3-13). 그리고 체중을 왼발로 가져오면서 오른쪽 발끝으로
정보에 포구자세를 취한다(3-14). 이 동작은 방향을 바꾸기 위
한 것이다. 투로가 익숙해질 때까지 다음 동작이 생각나지 않을
때는 일단 이런 식으로 체중부터 이동시키고 본다.

〈3-12〉   〈3-13〉   〈3-14〉

  ⑧이번에는 ②③④⑤⑥의 동작을 좌우를 반대로 바꿔서 해준
다(3-15, 3-16, 3-17).

  (3)좌야마분종 반복

  ⑨⑦번 동작의 방향을 바꿔서 왼쪽 무릎을 벌려 왼쪽 고관절
을 열어주고 왼쪽으로 체중을 옮긴 후 오른쪽 발끝을 남쪽으로
돌리고 ①번의 정보에 포구자세를 취한 다음 좌야마분종 자세를
반복해 준다(3-18, 3-19, 3-20).

〈3-15〉 〈3-16〉 〈3-17〉

〈3-18〉 〈3-19〉 〈3-20〉

　이 동작은 내 다리를 상대의 다리 뒤에 걸어놓은 상태에서 상
대의 쳐들어오는 주먹을 잡고 다른 팔로 상대의 겨드랑이에 껴
서 어깨를 이용해 뒤로 젖히면서 상대의 팔뚝을 꺾는 것이다. 어
깨를 이용해 미는 동작은 고(靠)에 해당한다.

　상체가 앞으로 굽히거나 뒤로 젖혀지지 않도록 반듯하게 세우
고 가슴을 편다. 양손을 나누어 벌릴 때 곡선을 그리는데, 한 팔
은 펴서 아래에서 가슴 높이로 올려 주고, 가슴 높이에 있던 다
른 손은 단전 높이로 낮춘다.

　두 팔을 인위적으로 나누어 벌리기보다는 올리는 손은 허리가
돌아가는 것을 따라 벌어지도록 하고, 내리는 손은 제자리에서

위치만 아래로 낮추어주면 상대적으로 몸 옆으로 돌아가는 결과가 된다. 몸을 돌릴 때는 허리를 회전축으로 하여 골반이 함께 돌도록 한다.

궁보가 완성될 때 손을 나누는 속도에 맞추어 동시에 이루어지도록 한다. 발은 뒤꿈치를 땅에 먼저 대고 발의 바깥쪽이 닿게 하여 최종적으로 발끝이 앞쪽에 향하도록 땅을 밟는다. 절대로 무릎이 발끝보다 먼저 나가지 않도록 한다.

마지막에 뒷발의 발꿈치를 뒤쪽으로 돌리거나 발끝을 앞쪽(안쪽)으로 30도 정도 틀어서, 두 발이 적정 각도를 이루어 자세가 안정되도록 한다. 뒷발은 자연스럽게 편다. 모든 궁보는 항상 앞으로 나가는 발이 뒤에 남는 발의 뒤꿈치를 연결하는 선이나 그보다 조금 바깥쪽으로 나가도록 해야 궁보가 완성 되었을 때 다리가 꼬여 몸의 중심을 잃는 일이 없다.

3. 백학량시(白鶴亮翅)

백학이 날개를 편 형상을 말한다. 상대에게 팔목을 잡혔을 때 상대의 겨드랑이 밑에 팔뚝을 넣고 꺾어 올리며 반격하는 동작이다. 하체의 힘을 길러주며 견비통과 경추 이상에 효과가 있다. 또 폐와 심장을 강화하여 가슴이 답답한 증상에 좋다.

①뒤에 있던 오른발을 들어 반걸음 앞에, 왼발의 반보 뒤에 놓은 후 체중을 오른쪽으로 이동시킨다(3-21, 3-22).

②이때 허리도 오른쪽으로 살짝 틀면서 오른팔이 호형이 되도록 오른손은 아래에서 이마 높이까지 시계방향으로 돌리며 머리

앞쪽으로 들어 올린다. 왼손도 시계 방향으로 돌리며 오른쪽 손목 내관혈 부근을 따라 가도록 한다. 시선은 오른손을 따라간다 (3-23).

〈3-21〉 　　〈3-22〉 　　〈3-23〉

③허리를 왼쪽으로 틀어 상체가 동쪽을 향하도록 하면서 왼발 끝으로 전방의 지면을 찍으며(허보) 왼손을 밑으로 내려 왼쪽 허벅지 높이까지 떨어뜨리며 거리를 떼어 놓는다(3-24).

②에서 허리를 오른쪽으로 틀 때 허리를 따라 몸의 중심에서 약간 뒤쪽으로 가 있던 오른손은 다시 허리를 동쪽으로 돌리는 동작을 따라 상체와 함께 몸 앞쪽으로 되돌아오도록 하면서 시선을 몸의 정면으로 향한다(3-25).

〈3-24〉 　　　　　　〈3-25〉

오른손을 몸과 따로 움직이는 것이 아니라 허리를 틀어 상체가 전면을 향해 돌아갈 때 상체와 같이 움직이도록 하는 것으로 머리와 상대 위치는 일정하도록 해준다.

허보를 확실하게 취해야 한다. 몸을 낮춰 신체가 편안한 느낌이 들게 하고, 동작은 직선으로 움직이는 것이 아니라 원을 그리듯이 둥글게 한다.

가슴을 자연스럽게 펴고, 두 팔 모두 호를 그려 팔과 가슴이 전체적으로 커다란 원의 일부분이 되도록 한다. 왼쪽 무릎은 약간 굽혀서 발끝을 땅에 댄다. 체중의 이동에서부터 손과 발, 방향의 이동 등의 모든 동작이 동시에 시작해서 동시에 끝나도록 해야 한다.

4. 루슬요보(樓膝拗步)

상대방이 발로 걷어차며 공격해 올 때 상대의 발을 한 손으로 걷어내고, 다른 손으로 상대방의 가슴에 반격을 가하는 동작이다. 야마분종과 마찬가지로 우루슬요보, 좌루슬요보, 그리고 다시 우루슬요보의 동작 등 모두 세 번을 반복한다. 허리와 골반 및 다리를 강화하여, 마음과 몸을 평형하게 한다.

(1)우루슬요보
①허리를 왼쪽으로 살짝 틀어 오른손을 몸 안쪽으로 내리며 시계 반대 방향으로 돌려준다. 이때 왼손은 시계 방향으로 돌리며 아래서 위로 올려주는데, 두 손의 높이가 비슷해져서 변곡점을 통과하면 허리를 남동쪽으로 45도 정도 돌려준다(3-26,

3-27).

〈3-26〉 〈3-27〉

②허리를 돌리며 두 손이 따라가도록 하면 상체도 오른쪽으로 틀어지게 되는데 시선은 오른손을 향하게 되고, 오른손은 몸 중심선에서 약간 뒤쪽의 얼굴 높이까지 돌리고 왼손은 오른쪽 가슴 앞으로 오도록 한다(3-28).

③왼발을 내밀고(상보)(3-29),

〈3-28〉 〈3-29〉

④허리를 왼쪽으로 틀면서 오른쪽 다리로 상체를 밀어준다(3-30). 이때 왼손으로는 무릎 앞쪽을 둥글게 쓸어내면서 몸의 왼쪽 옆에 오도록 하고 오른손은 앞으로 뻗어(상체의 움직임을 따라 가도록 하여), 가슴 높이에 오도록 한다.

손과 발, 상체와 하체의 움직임 모두가 체중 이동이 시작될 때 함께 시작하고 함께 끝나도록 하는 것은 야마분종 때와 같으며, 태극권의 모든 동작에서 동일하다.

⑤마지막으로 오른쪽 발끝을 몸 안쪽으로 틀어 상체가 완전히 동쪽을 향하도록 한다(3-31).

〈3-30〉 〈3-31〉

(2)좌루슬요보

⑥야마분종을 할 때처럼 체중을 오른발로 옮기고 왼쪽 발끝을 몸 바깥쪽으로 90도 틀어 바닥에 댄 후 체중을 왼발로 옮겨 방향을 바꿔준다(3-32, 3-33).

〈3-32〉 〈3-33〉

⑦이때 오른발을 끌어다 정보를 취하면서 오른손은 시계 반대 방향, 왼손은 시계 방향으로 돌려 왼손은 머리 높이에, 오른손은 왼쪽 가슴 앞에 오도록 한다(3-34, 3-35).

〈3-34〉 〈3-35〉

⑧좌우를 바꾸어서 ②, ③번의 동작을 한다(3-36, 3-37).

〈3-36〉 〈3-37〉

(3)우루슬요보
⑨역시 좌우를 바꾸어서 우루슬요보를 반복한다.

모든 힘의 전달은 Newton의 '작용반작용의법칙'대로 발을 땅에 뿌리내리고 발생하는 힘이 허리를 거쳐 내미는 손에 이르러야 한다. 손을 내미는 것이 아니라 뒤에 있는 다리의 허벅지로 상체를 밀어주면 그 힘이 허리를 거쳐 손이 허리를 따라 앞으로 내밀어진다는 느낌이 들어야 한다. 이때 몸이 앞뒤로 기울어지지 않아야 한다.

　손바닥으로 밀어낼 때는 어깨가 올라가지 않도록 주의한다. 팔꿈치는 늘어뜨리고 손목을 세우듯이 손을 벌리고, 허리의 긴장을 풀어준다. 궁보가 완성될 때 손은 최종 위치에 도착시켜 멈추지만 의념은 계속 앞쪽을 향한다.

5. 수휘비파(手揮琵琶)

　두 팔로 비파를 안고 있는 모습과 비슷하다고 해서 붙여진 이름이다. 상대방의 주먹이 공격해올 때 이를 잡아 양손으로 누르며 꺾어서 제압을 하는 동작이다.

　움직임이 원활하게 되고 주로 혀뿌리가 뻣뻣해지면서 아픈 증상, 몸이 무거운 증상, 동작이 민첩하지 못한 증상, 눕지 못하는 무릎 안쪽이 붓는 증상 등에 효과가 있다.

　①오른발을 들어 왼발의 반보 뒤에 놓는다(3-38).

　②체중을 오른발로 옮기고 왼발 뒤꿈치를 땅에 대면서 두 팔로 비파를 안듯이 앞으로 모은다. 이때 오른손 끝이 왼손의 손목 어림에 있도록 한다. 즉 왼손이 오른손보다 손바닥 길이만큼 앞서도록 한다(3-39).

〈3-38〉 〈3-39〉

　수휘비파의 완성 자세는 제수상세라는 동작과 같아 보이지만 힘의 작용 방향이 서로 다르다. 수휘비파에서는 두 팔의 힘이 안쪽으로 작용하고(실제 힘을 주는 것이 아니고 의념을 안쪽으로 둔다), 제수상세는 아래위로 엇갈려 작용시킨다(의념을 둔다). 제수상세는 '24식간화태극권' 투로에는 포함되지 않았으나 다른 투로에 흔하게 나오는 동작이다.

　수휘비파는 두 발의 허실이 분명해야 한다. 위아래에 각각 위치하는 팔의 동작은 동시에 이루어져야 한다. 궁보에서 오른발을 반보 끌고 와서 발끝을 지면에 먼저 대고, 이어서 발바닥 전체가 닫는 것과 동시에 왼발 뒤꿈치를 먼저 뗀 다음 왼발 전체를 들어 한 족장 앞에 뒤꿈치를 대고 허보 자세로 선다.

　몸을 안정시켜 어깨를 낮추고 팔꿈치를 늘어뜨린다. 두 팔을 밖에서 안쪽으로 모아 주면서 왼손을 들어 올릴 때 똑바로 올리지 않고서 왼쪽부터 위쪽과 앞쪽을 향해 약간 둥글게 한다.

제2단

도권굉/좌람작미/우람작미/단편

제2단은 여섯 번째 도권굉에서부터 아홉 번째 단편까지 모두 네 개의 동작으로 구성되어 있다.

순번	동 작	수형, 수법	보형, 보법	유파
6	도권굉	장	평행보	양식
7	좌람작미	장, 붕리제안	궁보, 정보, 상보	공통
8	우람작미	장, 붕리제안	궁보, 정보, 상보	공통
9	단편	장, 구, 추장	궁보, 상보	양식

〈제 2단 기술적 구성 분석표〉

6. 도권굉(倒捲肱)

도권굉은 다른 무술에서는 보기 힘들게 뒤로 물러나며 상대방을 치는 상당히 독특한 동작이다. 어깨, 팔꿈치, 팔 관절염을 치료하고 천식, 기관지염 등의 증상에도 좋은 영향을 준다.

①오른손을 밑으로 내리며 호를 그리도록 시계 반대 방향으로 돌려 몸을 중심점으로 했을 때 두 팔의 각도가 약 135도가 되도록 벌린다. 이때 시선은 오른손의 움직임을 쫓는다(3-40).

②어깨를 낮추는 동시에 팔꿈치를 늘어뜨리고 두 손바닥이 위를 향하도록 뒤집어 주면서 시선을 왼손으로 옮긴다(3-41).

〈3-40〉

〈3-41〉

③왼발이 뒤로 한 발 물러나면서 왼손을 ①번 동작에서와 같이 밑으로 내려 호를 그리며(3-42) 시계방향으로 돌려 두 팔을 135도로 벌린다(3-43). 왼발과 왼손의 움직임과 동시에 오른손 손바닥이 아래로 향하게 하여 귀 옆을 지나서 가슴 앞으로 밀어 낸다. 이 세 가지 동작이 같이 시작하여 동시에 끝나도록 한다. 이때 시선은 왼손을 쫓아간다(3-44).

표현은 오른손을 밀어낸다고 했으나 허리가 왼쪽으로 회전하는 것에 따라 몸통도 왼쪽으로 돌아가며 뒤로 물러나기 때문에 몸통을 좌표 원점으로 잡고 오른손을 제자리에 고정시킨다고 생각하면 상대적으로 오른손을 밀어내는 것처럼 보인다.

〈3-42〉　　　　　〈3-43〉　　　　　〈3-44〉

⑤좌우를 바꾸어서 각각 두 번씩, 전부 네 번을 수행한다.

7. 좌람작미(左攬雀尾)

태극권이라는 명칭이 생기기 전에 13세라고 불렸다. 앞에서 설명한 것처럼 13세란 붕리제안채열주고진퇴고반정의 13가지 기술을 말한다.

이 중 앞의 여덟 가지는 팔괘(八卦)에 해당하는 붕(掤)、리(履)、제(擠)、안(按)、채(採)、열(挒)、주(肘)、고(靠)의 8가지 기법을 말하고, 뒤에 나오는 진퇴고반정의 다섯 가지는 음양오행의 오행에 해당하여 전진(進, 火), 후퇴(退, 水), 좌고(顧, 木), 우반(盼, 金), 중정(定, 土)이라는 몸을 움직이는 다섯 가지 방향을 뜻하는 말이다.

결국 태극권은 팔괘의 기법이 오행원리에 따라 움직이는 팔문오보(八門五步)의 형태로 구성되어 있다.

24식간화태극권의 동작 어느 하나도 중요하지 않은 동작이 없겠지만, 람작미는 이중 '붕리제안(掤履擠按)'의 4세를 포함하고 있기 때문에 특히 중요하여 24식간화태극권의 중심 동작이라고 할 수 있다.

'붕'이란 상대의 공격을 아래에서 위로 막아내면서 흘려보내 상대방이 중심을 잃도록 하는 것이 목적이고, '리'는 이와 반대로 아래로 흘려서 중심을 흔드는 동작이다. '제'는 내 팔 안쪽에 손을 대고 두 팔로 상대를 미는 동작이고 '안'은 양손으로 누르거나 밀어내는 것이다.

붕리제안에 대해서는 위와 같이 간단한 설명으로는 이해하기가 어렵고 더 상세한 설명이 필요하다. 그러나 아무리 자세하게 설명을 해본들 읽는 것만으로는 정확하게 그 뜻을 알기가 무척 어렵다. 이 책에서 장황하게 설명을 하는 것보다는 나중에 추수를 수련하며 몸으로 느끼고 체득하는 것이 좋을 것으로 판단된다.

람작미는 손목, 팔꿈치, 어깨와 무릎관절의 유연성은 물론 골반의 이상을 바로잡아 척추를 자연스럽게 교정할 수 있으며, 오장육부의 경락을 윤활하게 하여 소화기, 내분비, 생식기 등 신체 모든 분야에 걸쳐 좋은 영향을 줄 수 있다.

①도권굉 마지막 자세에서(3-45) 오른발에 몸의 중심을 그대로 둔 채 정보와 포구 자세를 취한다. 오른발에 중심을 두었기 때문에 오른손은 가슴 높이, 왼손은 단전 어림에 둔다(3-46).

〈3-45〉　　　　　〈3-46〉

②발끝이 동쪽을 향하도록 하여 왼발을 동쪽으로 한 발 내딛고 (3-47), 오른쪽 다리로 몸의 중심을 왼쪽으로 밀어 궁보로 전환하면서 왼팔은 팔꿈치를 90도로 굽힌 채 팔을 가슴 높이로 올리고, 오른손은 손바닥을 아래로 향한 채 제자리에서 아래쪽으로 눌러준다.

여기서 제자리라는 뜻은 원래 가슴 앞 중앙에 있던 오른손을 아래로 눌러주면 몸통이 왼발로 이동하기 때문에 상대적으로 몸통 오른쪽에 위치하게 되에 궁극적으로는 오른쪽 다리 허벅지 옆으로 오게 된다.

이때 왼팔은 가슴 앞에 놓이는데 팔꿈치는 몸통의 왼쪽, 손끝은 오른쪽 끝에 위치하게 되어 결국 몸통 전체를 왼팔의 하박부가 가로로 막는 자세가 된다(3-48).

③체중이 왼발로 이동해 궁보 자세가 되는 마지막에 오른쪽 발끝을 몸 안쪽으로 틀면서 허리도 동쪽으로 돌려 몸통이 온전하게 동쪽을 향하도록 한다. 이 동작이 '붕'에 해당한다(3-49).

〈3-47〉   〈3-48〉   〈3-49〉

④허리를 살짝 왼쪽으로 틀면서 왼손을 좌상향으로 올리면 오른손도 따라서 약간 올라간다. 이때 왼쪽 팔꿈치도 어느 정도 편

다(3-50).

⑤야마분종에서 설명했던 것과 같은 요령으로 무릎을 벌려 고관절을 열어주면서 체중을 오른쪽으로 이동함과 동시에 허리를 오른쪽으로 틀어주면 몸통이 따라 돌면서 오른쪽으로 돌아가고, ④에서 들어 올렸던 두 손은 몸통을 따라 몸의 오른쪽 아래 방향으로 흘러내리게 된다(3-51).

〈3-50〉   〈3-51〉

몸통을 두고 손을 움직이는 것이 아니라 허리를 움직이면 허리가 손을 움직여 주는 느낌으로 동작한다. 태극권에서는 화경(化勁)을 적의 공세(경)를 해소시키는 원형의 움직임이라고 정의한다. 그런 원형의 움직임은 허리에 의해 이끌리게 되므로 저자는 이를 단순화시켜서 화경이라고 판단한다.

골프에서 스윙을 할 때 헤드의 무게를 느껴야 한다. 태극권에서도 막대기 끝에 돌을 묶어서 움직이는 느낌이 아니라 노끈 끝에 돌을 매서 돌려주는 느낌으로 움직여 주어야 하는데, 마치 몸통과 팔을 노끈과 같다는 느낌이 들도록 허리로 손을 움직여 주는 느낌으로 한다. 이 동작이 '리(履)'에 해당한다.

⑥왼손은 몸 중앙에서 멈추고 오른손은 시계 반대 방향으로 계속 돌려 오른손 바닥을 왼쪽 손목(내관혈)에 가져다 댄다 (3-52, 3-53, 3-54).

〈3-52〉 〈3-53〉 〈3-54〉

⑦몸통과 함께 허리를 왼쪽으로 살짝 틀면서 오른쪽 다리로 몸통을 왼쪽으로 밀어 궁보로 전환한다. 이때 왼팔은 다시 팔꿈치를 약 90도로 굽히며 가슴 높이까지 들어 올린다. 거듭 강조하면 팔을 밀어내는 것이 아니라 오른쪽 다리로 몸통을 밀어내는 것이다. 이 동작이 '제(擠)'에 해당한다(3-55).

왼쪽 팔꿈치를 펴면서 오른손도 앞으로 내밀어 두 손을 손바닥이 아래로 향하게 하여 어깨넓이로 벌려준다(3-56).

〈3-55〉 〈3-56〉

⑧허리를 오른쪽으로 미미하게 틀면서 체중을 오른쪽 다리로 옮긴다. 이때 체중 이동과 함께 몸통이 이동하면서 두 손은 자연스럽게 몸통을 따라 몸 앞쪽으로 끌어오게 되는데 두 손을 배 높이까지 지그시 눌러준다(3-57, 3-58).

〈3-57〉   〈3-58〉

⑨역시 허리를 왼쪽으로 미미하게 되돌리면서 궁보 자세로 돌아가는데, 두 손바닥을 앞으로 내어 상대의 가슴 높이까지 밀어준다. 손을 내미는 것이 아니라 오른쪽 다리로 몸통을 밀면 손은 자연스럽게 몸통을 따라 내밀어지게 된다. 이 동작이 '안(按)'이다(3-59, 3-60).

〈3-59〉   〈3-60〉

붕, 리, 제, 안을 구분하고 모든 동작을 원만하게 해야 한다. 몸을 바르게 세우고 허리를 방송하여 상체가 앞으로 기울어지지 않도록 한다. 또 엉덩이가 나오지 않아야 하며 몸통도 허리 회전에 따라 곡선을 그려야 한다.

손목은 어깨와 평행인 높이로 하는데, 태극권의 모든 동작에서와 마찬가지로 어깨를 낮추고 양 팔꿈치를 약간 굽힌다. 지속적으로 어깨를 낮추어야 한다는 것은 태극권의 기본자세에서 언급한 모든 것들을 갖추고 동작을 해야 하는데, 익숙해질 때까지 그 많은 항목을 일일이 신경을 쓰기는 불가능하고, 일반적으로 어깨가 올라가는 현상이 나타나기 때문에 우선은 아쉬운 대로 어깨만이라도 신경을 쓰라는 것이다.

그 모든 항목에 준비가 된 후 투로를 수련하겠다고 마음먹는다면 대부분의 사람들이 중간에 포기하게 될 것이다. 전술했듯이 방송이 된 연후에 태극권을 수련해야 하는데, 태극권을 수련하는 목적이 궁극적으로는 방송을 하기 위함이다.

역으로 수련을 해야 방송을 할 수 있다. 형식은 내용을 담는 그릇이기 때문에 형식도 내용 이상으로 중요하며, 형식을 떠난 내용은 아무 의미도 없는 허상에 불과하다.

8. 우람작미(右攬雀尾)

우람작미는 좌우로 방향을 바꾸었을 뿐, 좌람작미와 같은 동작이다. 좌람작미에서 우람작미를 하기 위해 방향을 바꿔주는 방향 전환이 다를 뿐이다.

체중을 오른쪽으로 옮기어 왼쪽 발끝을 들어 발끝을 남쪽으로 돌린 후, 체중을 왼발로 가져오며 정보에 포구 자세로 전환한 후 좌우를 바꾸어 람작미 동작을 하면 된다(3-61, 3-62, 3-63).

⟨3-61⟩   ⟨3-62⟩   ⟨3-63⟩

9. 단편(單鞭)

단편은 상대방의 주먹을 막으면서 손바닥으로 상대를 쳐내는 동작이다. 가슴을 열어 심장 기능을 원활하게 해주며 현대인의 스트레스와 불안, 초조 등의 신경성 질환에 효과가 있다.

①방향을 바꾸기 위해 체중을 왼발로 옮기며 오른손을 시계방향으로 아래쪽으로 내린다(3-64, 3-65).

⟨3-64⟩   ⟨3-65⟩

②오른발 끝을 남쪽으로 돌린 후 체중을 다시 오른발로 가져오면서, 허리도 오른쪽으로 틀고 오른손은 계속 시계 방향으로 돌려 어깨보다 약간 높은 위치로 올라오면 구형을 만든다. 왼손은 오른손이 아래로 내려왔을 때 손목 어림에 가져가 오른손의 움직임을 따라간다. 동시에 왼발도 오른발 쪽으로 가져가 정보 자세를 만든다. 시선은 당연히 오른손을 따라 간다(3-66, 3-67).

〈3-66〉　　　　　　　　　　　　　　　　〈3-67〉

③시선을 왼쪽으로 돌리고, 체중과 오른손은 오른쪽에 놓아두고 왼발을 동쪽으로 한걸음 내밀며 허리를 왼쪽으로 트는 것과 동시에 체중을 왼쪽으로 옮겨가면 왼손도 허리를 따라 왼쪽으로 내밀어진다(3-68, 3-69).

〈3-68〉　　　　　　　　　　　　　　　　〈3-69〉

④좌궁보 자세가 완성될 때쯤 왼쪽 손바닥은 앞을 향하게 밀어
내면서(추장), 오른쪽 발끝을 안쪽으로 틀어 상체가 온전히 동쪽
을 향하게 한다(사진 3-70).

〈3-70〉

　상체를 똑바로 하면서 송요에 주의한다. 어깨를 낮추고 오른
쪽 팔꿈치 부분도 늘어뜨린다. 왼손은 허리를 돌려주는 동작과
함께 돌아가도록 회전시키며 밀어내고, 동작이 거의 끝날 때쯤
손바닥이 앞을 향하도록 한다. 이때 두 팔의 각도는 135도 정도
의 각도가 적당하다.

제3단

좌운수/단편/고탐마/우등각/쌍봉관이/전신좌등각

제3단은 열 번째 운수에서부터 열다섯 번째 전신좌등각까지 모두 여섯 개 동작으로 구성되어 있다.

순번	동 작	수형, 수법	보형, 보법, 퇴법	유파
10	좌운수	장, 운수(장)	병보, 측횡보	양식
11	단편	장, 구, 추장	궁보, 상보	손식
12	고탐마	장, 양장	허보, 활보	양식
13	우능각	장, 포장, 분장	상보, 등각	양식
14	쌍봉관이	권, 관권	궁보, 상보	양식
15	전신좌등각	장, 포장, 분장	연전보*, 등각	양식

〈제 3단 기술적 구성 분석〉

*연전보(碾轉步) : 몸을 뒤로 돌려 발향을 바꾸는 보법

10. 좌운수(左雲手)

상대의 주먹을 붙잡고 팔꿈치 관절을 꺾어 제압하는 동작이다.

보기에는 단순하고 손쉬워 보이나 막상 하려면 스스로가 어색하고 뜻대로 되지 않는 동작이다. 태극권을 오래 수련한 사람 중에도 운수를 제대로 못하는 사람이 의외로 많기 때문에 초보자들은 잘하려고 하기보다는 동작을 단순화시켜 수련을 하다가 익숙해진 후에 동작을 수정하는 것이 좋다.

　운수는 왼쪽 옆으로 이동하는 보법을 쓰는데 이를 측행보라고 한다. 모두 세 번을 반복하며 왼쪽으로 세 걸음을 이동하게 된다. 인내심과 집중력을 기르고 정신을 통일하여 신경성질환 에 매우 효과적이며, 허리를 유연하게 하고 몸 전체를 이완시키는 작용으로 소화불량, 불안, 초조 등의 질환에 도움을 준다.

　①체중을 오른쪽으로 옮기고, 왼발 끝을 남쪽으로 돌리면서 손등이 바깥쪽으로 향한 채 오른손은 배꼽 앞에, 왼손은 가슴 앞에 양팔로 항아리를 안고 있는 것처럼 둥글게 한다(3-71, 3-72, 3-73).

〈3-71〉　　　　　〈3-72〉　　　　　〈3-73〉

②허리를 왼쪽으로 틀면서 오른발을 왼발 옆에 나란히 놓는다.
(3-74, 3-75)

〈3-74〉 〈3-75〉

③허리를 왼쪽으로 틀 때 위에 있는 왼손이 약간 앞서게 왼쪽
으로 움직이고, 오른손은 약간 뒤쳐진 위치에서 왼쪽으로 움직
여 허리가 왼쪽으로 30도 정도 틀어지면 두 손의 아래위를 바꾸
어준다. 두 손은 각자 전체적으로 타원을 그려야 하나, 생각보다
어렵기 때문에 손을 그냥 놓아두고 허리를 돌린 후 아래위를 바
꿔 준다고 생각하면 좋다(3-76).
④왼발을 왼쪽으로 한 발 옮기면서 허리를 오른쪽으로 돌려준
다(3-77).

〈3-76〉 〈3-77〉

⑤허리가 오른쪽으로 30도 정도 돌아가면 오른손과 왼손의 아래위를 서로 바꿔준다(3-78, 3-79).

〈3-78〉   〈3-79〉

⑥오른발을 왼발 옆으로 이동시키면서 허리를 왼쪽으로 틀어준다(3-80, 3-81).

〈3-80〉   〈3-81〉

⑦②번에서 ⑥번까지의 동작을 반복한다.

손이 허리를 이끄는 것이 아니라 허리가 손을 끌고 가야 한다. 두 팔이 허리 움직임에 따라 돌아가므로 자연스럽고 원활하게 움직이며 속도도 늦춘다. 보기에는 두 팔이 크게 원을 그리는 것

같지만, 커다란 항아리를 안고 있는 모양에서 허리를 돌려주기 때문에 실제로 두 손은 배에서 가슴 높이까지, 아래위만 바뀔 뿐 몸통의 범위를 벗어나지 않는다.

즉 몸통의 왼쪽 끝에서 오른쪽 끝과 배에서 가슴 높이까지의 박스 권 안에서 움직일 뿐이다. 이 점은 대부분의 동작에서도 마찬가지로 허리가 움직일 뿐 손은 항상 몸 앞에 위치한다.

측행보로 이동하거나 두 발이 나란히 섰을 때 무릎을 벌리거나 오므리지 말고 무릎이 발끝 위 일직선상에 있어야 한다. 몸을 돌릴 때는 등의 중심을 축으로 삼기 때문에 허리와 고관절을 낮추고, 머리의 높이가 일정하도록 해야 한다.

이동할 때 중심이 안정되도록 옮기는 발의 발끝부터 확실하게 딛고 발끝은 남쪽을 향한다. 시선은 위에 있는 손을 따라간다. 세 번째의 '운수'로 오른발을 당길 때 발끝을 약간 안쪽으로 향해서 땅을 디디면 그 다음의 '단편' 동작으로 옮겨가기 편하다.

11. 단편(單鞭)

9번 단편과 같은 동작이나 9번은 우람작미가 끝나고 몸이 서쪽을 향해 있고, 11번 단편은 운수가 끝나고 정면을 향해 서 있으므로 출발점이 다르기 때문에 예비동작이 차이가 난다.

①체중을 오른발로 옮기고 오른손을 시계 방향으로 돌리면서 어깨보다 약간 높게 올린다. 이때 왼손은 오른손 손목을 쫓아가고, 왼발을 옮겨 정보 자세를 취한다(3-82, 3-83).

②단편 동작을 수행한다(3-84, 3-85).

〈3-82〉　　　　　　　　　　　　　　〈3-83〉

〈3-84〉　　　　　　　　　　　　　　〈3-85〉

12. 고탐마(高探馬)

많은 사람들이 고탐마를 하는 듯 마는 듯 지나치는 경우가 있으나, 동작이 단순하기는 해도 역시 24식간화태극권 투로의 동작 중의 하나이므로 제대로 동작하는 것이 필요하다.

침견추주하여 양팔의 기를 관통하여 전신의 균형을 잡는 데 좋으며, 손, 팔, 어깨 등의 팔 관절과 소화기장애, 간장 질환에 효과가 있다.

①오른발을 들어 반걸음 앞, 즉 왼발의 반걸음 뒤에 놓으면서 손바닥이 위로 가도록 두 팔을 벌려 준다(3-86).

②왼발 발끝을 땅에 찍어 허보 자세를 취하고 왼손을 손바닥이

위로 가도록 펴서 왼쪽 허리 옆을 대면서 오른손을 가슴 앞으로
내밀어준다(3-87, 3-88).

〈3-86〉   〈3-87〉   〈3-88〉

상체는 바르게 펴고 어깨와 오른쪽 팔꿈치는 침견추주의 원칙
에 따른다. 오른발을 반걸음 뒤에 놓고 몸의 중심이 이동될 때도
무릎을 굽힌 채로 움직여서 머리의 높이가 올라가지 않도록 주
의한다. 입신중정을 유지하고 마치 오른손으로 벽을 밀어내듯
이 한다. 즉 계속 민다는 의념으로 자세를 유지한다. 허실이 분
명하고, 추장과 허보가 동시에 이루어져야 한다.

13. 우등각(右蹬脚)

등각은 발뒤꿈치로 상대방을 차는 동작이다. 발끝으로 차는 것
은 분각이라고 한다. 경기 규정에서는 발의 높이를 허리 높이 이
상으로 올려야 한다고 되어 있다.
흔들리지 않고 안정된 자세를 취하며 한쪽 다리로 몸을 지탱하
고 발을 들어 올리는 것이 쉽지 않아서 24식간화태극권 투로 중
에 가장 어려운 동작이라고 할 수 있다. 구태여 따지자면 분각이

등각보다 난이도가 약간 높다.

하지근력을 강화하고, 위장의 소화를 돕고, 소뇌가 활성화될 뿐만 아니라 평형감각을 유지하여 집중력 향상에 좋다. 또한 소뇌를 자극시켜 신장과 방광기능을 크게 강화하여 노폐물을 신속하게 유출시키며, 여성에게는 몸맵시를 아름답게 해주고 남성은 '精'을 강하게 하여 모든 일에 의욕적인 자세를 갖게 하는 효과가 있다. 아울러 노이로제, 불면에 큰 효과가 있다

①왼발을 북동쪽으로 한 발 내딛고 오른손은 시계 방향, 왼손은 시계 반대 방향으로 크게 돌려 교차시키면서 체중을 왼발로 이동한다(3-89).

②두 손을 계속 돌려 오른손이 바깥쪽으로 가고, 두 손바닥이 위를 보도록 배 앞에 교차시키고 오른발을 왼발 가까이 끌어 온다(3-90, 3-91).

〈3-89〉   〈3-90〉   〈3-91〉

③체중이 완전히 왼발로 이동했으면 숨을 들이마시면서 교차시킨 두 손을 가슴 높이로 올리는 동시에 오른쪽 무릎을 굽히며 들어 올린다. 이때 침견추주에 주의한다(3-92).

④두 손을 같은 방향으로 돌려 숨을 내쉬면서 오른손은 오른다

리 앞쪽으로 뻗고, 왼손은 오른다리 뒤쪽으로 뻗어 균형을 잡아
주고, 동시에 오른쪽 무릎을 곧게 편다. 이때 함흉발배에 신경
써서 상체를 오른발 쪽으로 약간 기울인다는 느낌을 가지고 뒤
로 젖혀지지 않도록 주의한다(3-93, 3-94).

　⑤오른쪽 무릎을 다시 굽힌다(3-95).

〈3-92〉　　　　　　　　　　　　　　　　　　　　〈3-93〉

〈3-94〉　　　　　　　　　　　　　　　　　　　　〈3-95〉

　이 동작을 안정적으로 하려면 입신중정이 된 상태에서 기침단
전을 이루고 침견추주와 함흉발배가 이루어져야 한다. 특히 송
요송과가 된 상태에서 추가적으로 대퇴부가 단련되어 자신의 몸
이 기울어지지 않도록 체중을 온전히 지탱해 줄 수 있는 근육이
만들어져야 가능하기 때문이다.

우리말에서 '공부'는 학생이 책상 앞에 앉아 교과서나 참고서 등으로 시험 준비를 하는 행위 정도로 쓰이고 있으며, 영어에서 쿵푸는 중국무술을 뜻한다. 중국어 발음으로 꽁푸(工夫)의 본뜻은 '장기간 수련을 통해 몸 안에 축적된 어떤 것, 혹은 그러한 수련을 하는 것'을 말한다. 우리나라 사람들이 흔히 그 본뜻과는 상관없이 사용하는 '내공'이라는 말이 바로 工夫라고 할 수 있다.

등각을 잘하기 위해서는 바로 퇴공(腿工夫)이 있어야 가능하다. 그러기 위해서는 제법 긴 시간의 수련이 필요하다. 등각을 하는 요령을 다시 정리하면 다음과 같다.

(1)체중을 왼발로 완전히 이동한 후 무릎을 들어 올린다.

(2)이때 발가락으로 땅을 움켜쥔다.

(3)무릎을 올릴 때 숨을 들이쉬고, 무릎을 펴면서 내쉰다.

(4)무릎을 편 상태에서 발을 들어 올리는 것이 아니라 들어 올렸던 무릎을 펴는 것이다. 그러기 위해서는 처음부터 가능한 한 무릎을 높이 올려주는 것이 좋다.

(5)처음부터 발을 허리 높이 이상으로 올리려고 욕심을 내지 않도록 한다. 최근에 경기하는 모습을 보면 경쟁적으로 다리를 높이 들어 머리 높이까지 올리는데, 보기에는 화려하게 보일지 몰라도 태극권을 수련하는 목적이 심신을 단련하기 위한 것이지 남들에게 화려하게 보이기 위해서 수련하는 것이 아니라는 점을 명심해야 한다. 높이 들어올리기 위해 무리를 해서 자세가 흔들린다면 오히려 해가 된다.

(6)모든 체중을 한쪽 다리가 지탱해야 하므로 넓적다리에 힘을 두어 고정시킨다.

(7)허리를 방송한다. 상체의 불균형으로 인한 흔들림을 허리를 스프링 삼아 완충작용을 하도록 한다.

(8)왼 무릎을 약간 굽혀서 허리에서 미처 다 흡수하지 못한 흔들림을 2차로 잡아준다.

(9)무게에 차이는 있으나 왼팔을 오른쪽 다리의 반대쪽으로 충분히 뻗어 균형추 역할을 하도록 한다.

(10)전술한 것과 같이 상체가 뒤로 기울어지면 다리에서 균형 잡기가 더 어려우므로, 들어 올린 다리 쪽으로 몸을 기울이는 느낌이 들게 한다.

(11)발을 더 높이 들어 올리려 애쓰지 말고 평소 스트레칭을 꾸준히 하여 다리 찢는 연습을 한다.

양손을 나누어 벌려 분장을 할 때는 팔은 어깨 높이로 한다. 왼쪽 다리를 약간 굽히고 오른발을 들어 찰 때는 발끝을 세우고 뒤꿈치에 힘을 주어 아킬레스건이 당겨지도록 한다. 손을 나누고 발을 올리는 동작은 동시에 시작해서 동시에 끝나도록 한다.

오른팔과 오른쪽 다리는 같은 방향으로 향하도록 하는데 '기세'가 남향부터 시작되므로 발을 차내는 방향은 동쪽보다 약 30도 정도 남쪽 방향을 향하도록 한다. 오랜 기간을 연습해야 안정된 자세를 취할 수 있다.

14. 쌍봉관이(雙峰貫耳)

쌍봉관이는 두 주먹(관권)으로 상대의 귀(고막) 혹은 관자놀이를 치는 동작이다. 간기를 이롭게 하며 폐렴, 간염, 관절염, 심장병에 대한 치유와 신경쇠약 등의 증세에 치유효과가 있다.

①오른쪽 발이 동남쪽으로 한 발 나가면서 손바닥이 위로 가게 하여 두 손을 어깨넓이로 나란히 모아 아래로 내려뜨린다(3-96, 3-97).

〈3-96〉   〈3-97〉

②체중을 오른발로 옮겨 궁보로 전환하면서 두 손은 주먹을 쥐고 아래에서 위로 호를 그리며 올려 상대방의 두 귀를 때린다. 두 주먹이 호를 그리면 처음에는 손등이 아래를 향한 상태에서 시작해 완성될 때는 손등이 위로 향하게 한다. 이때 시선은 왼손을 쫓아간다. 자세가 완성될 때 왼쪽 발끝을 잠가준다(3-98, 3-99).

〈3-98〉   〈3-99〉

머리와 목은 똑바로 하고 허리와 고관절은 낮추되 상체를 굽히지 않도록 한다. 두 주먹은 가볍게 쥐고, 침견추주에 신경 써서 두 팔이 둥글게 호를 이루도록 한다. 궁보를 취할 때 몸의 방향은 동남쪽을 향하도록 하고, 목을 펴고 두 팔을 비트는 동시에 주먹을 쥐면서 돌려 쳐올린다.

15. 전신좌등각(轉身左蹬脚)

이 동작은 좌우가 바뀌었을 뿐 우등각과 동일한 동작이다. 다만 전신(轉身)이라는 말뜻대로 연전보로 몸을 돌려주는 예비동작이 필요하다.

①체중을 왼발로 이동하고 동남쪽을 향하고 있던 오른쪽 발끝이 북쪽을 향하도록 돌려준다(3-100).

②체중을 오른발로 이동시키면서 두 손을 배 앞에 모아주고 왼발을 오른발 근처로 끌어온다(3-101, 3-102).

〈3-100〉   〈3-101〉   〈3-102〉

③우등각의 ③~⑤번 동작을 좌우를 바꾸어서 좌등각을 해준다(3-103, 3-104, 3-105, 3-106).

〈3-103〉   〈3-104〉

〈3-105〉   〈3-106〉

제4단

좌하세독립/우하세독립/좌우천사/해저침/섬통비/전신반란추/
여봉사폐/십자수/수세

 제4단은 열여섯 번째 운수에서부터 스물네 번째 전신좌등각까
지 모두 여섯 개 동작으로 구성되어 있다.

순번	동 작	수형, 수법	보형, 보법, 퇴법	유파
16	좌하세독립	장, 구(勾), 천장	부보, 독립보	오식
17	우하세독립	장, 구(勾), 천장	부보, 독립보	오식
18	좌우천사	장, 추장, 가장*	궁보, 상보	양/손
19	해저침	장, 천장	허보, 근보	양식
20	섬통비	장, 추장, 가장	궁보, 상보	양식
21	전신반란추	란장, 반권, 충권	궁보, 상보, 허보	양식
22	여봉사폐	장, 안(按)	궁보	양/손
23	십자수	장, 포장	연전보, 병보	양식
24	수세	장	병보	양식

〈제 4단 기술적 구성 분석〉

*가장(架掌) : 팔을 들어 머리 위를 막는 장법

16. 좌하세독립(左下勢獨立)

이 동작은 몸을 낮추어서 땅을 기듯이 상대의 다리 사이로 들어가서 몸을 일으키며 상대를 들어 던지는 천장하세 동작과 무릎과 손을 같이 들어주는 금계독립이라는 두 가지 동작을 하나로 합성시킨 동작이다.

천장하세는 태극권 동작 중에 가장 격렬한 동작 중의 하나인 만큼 자세에 균형을 잡기도 쉽지 않기 때문에 엉거주춤하거나, 엉덩이를 뒤로 빼고 상체를 앞으로 숙이는 경우가 많다. 나이가 든 사람은 관절을 다치지 않도록 주의하여야 한다.

하세의 자세는 신장의 수기(水氣)를 올려주고, 금계독립의 자세는 심장의 화기(火氣)를 내려주는 자세로 수승화강(水昇火降)이 작용한다. 이에 심장과 신장을 강화하는 기능에 도움을 준다. 또한 넓적다리를 유연하게 하며 호르몬 분비가 원활해지며 요통의 치료에 효과적이다

①좌등각의 마지막 자세에서 왼발을 서쪽으로 뻗어 부보를 취하면서 오른손을 어깨 높이로 뻗어 구(勾)형을 해주고, 왼팔은 손끝을 펴서 왼쪽다리에 나란하게 내민다. 왼발을 너무 넓게 벌리면 다음 동작에 무리가 가므로 감당할 수 있을 만큼만 벌린다 (3-107).

②왼쪽 발끝을 서쪽으로 돌려주면서 체중을 왼쪽으로 옮겨 궁보로 전환시킨다. 이때 상체를 일으켜 주면서 앞으로 향한 왼손끝을 그대로 유지한다. 오른손은 엉덩이 뒤쪽으로 내린다. 궁보가 완성될 때 오른쪽 발끝을 안쪽으로 틀어 상체가 온전히 서쪽을 향하도록 한다(3-108).

⟨3-107⟩ ⟨3-108⟩

③체중을 오른발로 옮기고 왼발 끝을 서북쪽으로 돌린 다음 체중을 다시 왼발로 옮긴다(3-109, 3-110).

⟨3-109⟩ ⟨3-110⟩

④왼손을 내려 허리 옆으로 벌려 주고 오른쪽 팔꿈치와 무릎을 굽히면서 동시에 들어 올린다. 마지막에 오른손바닥이 전면을 향하도록 손목을 살짝 틀어 준다(3-111, 112).

⑤오른발과 오른손을 내린다(3-113).

<3-111>　　　　<3-112>　　　　<3-113>

　오른쪽 다리를 완전히 굽혔을 때 상체가 앞으로 너무 기울지 않도록 한 채, 왼쪽 다리를 곧게 펴고 왼발 끝이 북쪽을 향한 채 두 발바닥 모두 바닥에 닿도록 놓는다. 부보를 할 때 왼발 끝의 위치는 오른발 뒤꿈치와 일직선이 되도록 한다.

　독립을 할 때는 상체를 반듯하게 세우고 홀로 서 있는 다리는 무릎을 약간 굽혀 안정되도록 주의한다. 오른쪽 무릎을 들었을 때 발끝이 올라가지 않도록 자연스럽게 내린다.

　오른쪽 팔꿈치와 오른쪽 무릎 사이의 간격이 일정하게 유지되도록 하는데, 마치 팔꿈치와 무릎이 끈으로 묶여 있는 것처럼 하면 된다.

17. 우하세독립(右下勢獨立)

　다른 동작들과 마찬가지로 우하세독립도 방향을 바꾸는 예비동작을 한 후, 좌우만 바뀔 뿐 좌하세독립과 같다.

　①체중을 오른발로 이동시키고 왼발 끝을 남쪽으로 돌린 후 체중을 다시 왼발로 옮긴다(3-114).

　②좌하세독립의 동작을 방향과 좌우를 바꿔서 한다(3-115).

〈3-114〉 〈3-115〉

두 동작 모두 상체를 기울이고 엉덩이를 뒤로 뺀 채 엉거주춤 하는 경우가 많다. 무릎과 대퇴 근육이 형성되기까지 상당한 수 련이 필요하다. 나이가 들어 태극권을 시작한 사람은 무릎 관절 을 다칠 수 있으므로 특히 날씨가 추울 때는 준비운동을 충분히 하고, 무릎 보호대를 착용하는 것도 좋은 방법이다.

18. 좌우천사(左右穿梭)

한 팔을 들어 올려 막으면서 상대의 가슴을 손바닥으로 치는 동작이다. 원래의 동작 명칭은 옥녀천사(玉女穿梭)인데, 한자의 '천(穿)'자는 '뚫다'라는 뜻이다. 명칭으로 볼 때 옥녀(우리말의 항아에 해당)가 베틀에 앉아 북을 찔러주는 모습과 유사해서 붙 은 이름으로 짐작된다.

견비통과 요통을 개선하며 신장과 간 기능을 활발하게 해 준 다. 노궁(勞宮, 손바닥의 중심)으로부터 기의 조절능력을 향상시 키는 효과가 있다

①왼발을 서남쪽으로 내딛고 체중을 이동한다(3-116)

②오른발을 옮겨 정보에 왼손이 위로 가는 포구 자세를 취한다
(3-117).

〈3-116〉　　　　　　　　　　　　　　　　　〈3-117〉

③오른발을 북동쪽으로 한 걸음 내딛고 위에 있던 왼손은 허
리 옆에, 아래에 있던 오른손은 가슴 앞쪽으로 옮긴다(사진
3-118).

④체중을 오른발로 옮기면서 허리를 오른쪽으로 틀어 왼손은
가슴 앞으로, 오른손은 손바닥을 바깥쪽으로 비틀어 주면서 머
리 높이로 밀어낸다. 궁보가 완성될 때 왼쪽 발끝을 안쪽으로 오
므리면서 허리를 완전히 북동쪽으로 돌려 좌천사를 완성한다(사
진 3-119).

〈3-118〉　　　　　　　　　　　　　　　　　〈3-119〉

⑤왼발을 끌어 정보에 오른손이 위로 가는 포구 자세를 한다 (3-120).

⑥좌천사 동작의 좌우를 바꿔 ③~⑤번의 동작을 반복한다(3-121).

〈3-120〉 　　　　　　　　　　〈3-121〉

방향은 각각 북서와 남동 방향이 된다. 손을 밀어낼 때 상체가 앞으로 기울어지지 않도록 주의한다. 손을 올릴 때는 어깨가 올라가지 않도록 주의하고, 앞으로 밀 때는 올리는 손과 앞으로 미는 손의 속도가 허리와 궁보로 굽히는 다리 동작의 속도와 같도록 한다.

두 팔은 호를 그리도록 하여 최종적인 모양은 두 팔과 몸통이 마치 기울어져 있는 커다란 원의 일부분 같은 형상을 이루도록 한다.

가슴 앞으로 밀어내는 손의 힘은 등에서 뽑아내는데, 허리에 축적시킨(축경) 다음 손을 통해 내밀어지도록 한다. 내미는 손은 가슴 앞에서 멈추지만 의념은 그 앞을 향하도록 한다.

포구 자세에서 밑에 있던 손바닥이 그리는 궤적을 보면, 위를 향한 손바닥이 가슴 앞쪽으로 올라왔을 때는 몸 쪽을 향하고 머리 높이로 올라갈 때는 몸 바깥쪽을 향하게 되어 팔이 시계 반대 방향으로 계속 돌아간다. 이 동작을 끊임없이 돌아가는 것 같다고 해서 현(玄)이라고 표현한다.

이것은 마치 에셔*의 그림에서 물고기 떼가 점점 변하여 새떼가 되어 날아가는 것 같은 느낌을 주고, 요한 세바스찬 바흐의 '푸가의 기법'에서 보는 것처럼 주제가 끊임없이 변해 하늘로 날아오르는 느낌을 주는 것에 비할 만하며, 그 연장선에서 괴델**의 '불완전성의 원리'를 떠 올리면 비약이 너무 심한 것일까? 괴델, 에셔, 바흐 그리고 태극권.

*에셔 : Maurits Cornelis Escher(1898~1972) 네덜란드의 판화가
**괴델 : Kurt Godel(1906!1978) 미국의 수학자, 불완전성의 원리로 유명

19. 해저침(海底針)

권법에서는 몸을 세워 상대의 상체를 공격하거나 반격을 하는 것이 일반적이지만 해저침은 몸을 낮추어 상대의 하체를 공격하는 동작이다. 약한 하체를 보강하고 견비통과 요통에 효과가 있다고 설명하고 있다. 기혈이 하행하여 열을 내리고, 간담을 편안하게 하고, 저혈압의 혈압을 높이는 작용을 한다.

①오른발을 왼발의 반걸음 뒤에 놓고 체중을 오른발로 옮긴다 (3-122).

②오른손은 시계 반대 방향으로 크게 돌려 머리 위로 올렸다가

내려서 손끝을 밑으로 향하도록 앞쪽으로 찔러 주면서, 왼손은 시계 방향으로 얼굴 앞쪽으로 올렸다가 계속 회전시켜 왼쪽 허벅지 옆쪽으로 손바닥이 아래를 향하도록 낮게 누른다. 동시에 왼발 끝을 땅에 대며 허보를 완성시킨다(사진 3-123).

〈3-122〉 〈3-123〉

②번 동작을 시작할 때 허리는 오른쪽으로 약간 틀었다가 왼쪽으로 되돌려 완성 자세에 서쪽을 향하게 한다. 허리를 약간 숙여도 좋으나 상체가 너무 많이 기울어지지 않도록 한다. 허보 자세에서 상체가 앞으로 과도하게 기울어지면 허보에 체중이 더해져서 허보가 더 이상 허보가 아니게 되거나, 대퇴부에 과도한 하중이 가해져서 몸의 균형을 잡기 어렵다. 머리를 숙이거나 엉덩이가 튀어 나오지 않도록 주의한다.

20. 섬통비(閃通臂)

경직된 어깨와 등 근육을 부드럽게 하여 견비통을 예방하고, 머리로 흐르는 기혈을 조절하여 두통을 예방하며, 정신안정에 도움을 주는 역할을 한다. 동작이 단순 명쾌하여 쉽게 이해할 수 있다. 전신방송과 침견추주에 주의한다.

①허리를 펴고 오른쪽으로 약간 틀면서 오른손을 가슴 앞으로 올리면서 왼손은 오른손목에 가져다 댄다(3-124).

②왼발을 앞으로 한 걸음 내 딛는다(3-125).

③오른쪽 다리로 상체를 밀어 궁보를 만들면서, 왼쪽 손바닥을 어깨 높이로 앞으로 민다. 이때 오른손은 이마 위까지 올려 가장(架掌)을 해주고, 시선은 왼손을 향한다(3-126).

〈3-124〉   〈3-125〉   〈3-126〉

21. 전신반란추(轉身搬瀾錘)

이 동작은 반권, 란장, 추(충권)의 3개 동작으로 구성되어 있다. '추'는 충권에 해당되는데 주먹을 곧바로 앞으로 쳐내는 것이다. 전신이란 전신좌등각에서와 같이 연전보로 몸의 방향을 뒤로 돌린다는 의미다. 심장과 폐의 기능을 돕는다. 어깨를 유연하게 하여 견비통을 예방, 개선하고 노이로제, 불안 등의 신경성 질환에 좋다.

①체중을 오른발로 옮기고 왼발 끝을 북쪽으로 90도 돌린다 (3-127, 3-128).

〈3-127〉   〈3-128〉

②체중을 왼발로 옮기고 오른발을 왼발 가까이에 놓고 몸을 동쪽으로 돌리며 오른손을 시계 방향으로 돌린다. 이때 오른손이 배꼽 높이에 내려올 때쯤 주먹을 쥔다(3-129, 3-130).

〈3-129〉   〈3-130〉

③오른발을 동쪽으로 한 걸음 내밀면서 배 높이에서 뒤집어진 오른쪽 주먹의 손등이 아래를 향하도록 오른팔을 계속 돌려 주먹의 등으로 배 높이까지 내리친다. 이 동작이 '반'에 해당한다(3-131, 3-132).

④체중을 오른발로 옮겨 궁보로 전환하면서 오른쪽 주먹을 몸 바깥쪽 시계 방향으로 수평하게 돌려 허리 옆으로 가져오고, 왼팔을 펴고 손바닥이 안쪽을 향하도록 역시 시계 방향으로 수평

으로 돌려 몸 앞쪽까지 휘두른다. 이 동작이 '란'에 해당한다(3-133, 3-134).

〈3-131〉　　　　〈3-132〉　　　　〈3-133〉　　　　〈3-134〉

⑤뒤에 있던 왼발을 들어 앞(동쪽)으로 한 걸음 내딛고, 오른쪽 다리로 체중을 왼발로 밀어주면서 허리 옆에 있던 주먹도 상체 이동과 함께 앞으로 나가도록 뻗어준다. 이때 왼쪽 손바닥은 그 위치에 그대로 놓아두어 오른쪽 손목 내관혈 위치에 이르도록 한다. 이 동작이 '추(推)'다(사진 3-135, 3-136).

〈3-135〉　　　　　　　　　　　　　　　　〈3-136〉

오른쪽 주먹을 느슨하게 쥐어 힘이 들어가지 않도록 주의한다. 오른쪽 주먹을 배 앞으로 끌어당길 때는 왼팔을 천천히 안으로 회전시키면서 뒤로 당긴다. '란'에서 오른쪽 주먹을 밖으로 회전시켜 오른쪽 허리 옆에서 멈출 때는 권심이 위로 가게 한다.

'추'에서 주먹을 앞으로 쳐낼 때는 무거운 것을 밀어내는 기분이 들도록 한다. 역시 손을 움직이는 것이 아니라 오른쪽 다리로 상체를 밀면 주먹이 다리에 밀려서 허리를 따라 앞으로 나가는 것처럼 해야 한다. 이때 오른쪽 어깨는 주먹과 함께 약간 앞으로 뻗지만, 어깨를 낮추어 팔꿈치는 늘어뜨리고 오른팔을 약간 굽힌다.

22. 여봉사폐(如封似閉)

허리를 유연하게 하고 몸 전체를 이완시키는 것을 도와주어서 요통과 신경성질환 등의 예방과 치료 효과가 높은 것으로 알려져 있다.

①왼손을 오른팔 밑에 넣어 두 팔을 펼치고 손바닥이 위로 가도록 뒤집으며 어깨넓이로 벌려준다(3-137).

②체중을 오른발로 옮기며 두 손을 가슴 앞으로 불러들인다. 이때 허리를 오른쪽으로 살짝 틀어준다(3-138).

〈3-137〉　〈3-138〉

③두 손바닥으로 배 높이까지 누른다(按)(3-139).

④오른쪽 다리로 상체를 밀어 궁보를 만들어주면서 두 손을 앞으로 민다(3-140).

〈3-139〉　　　　　　　　　　　　　　　　　　　〈3-140〉

체중을 뒤로 옮길 때 상체를 뒤로 젖히지 않도록 주의하면서, 허리를 오른쪽으로 약간 틀어준다. 두 손바닥을 밀어낼 때는 오른발을 땅에 뿌리박고 그 힘이 왼쪽으로 허리를 비틀며 두 손 끝까지 전달되어야 한다. 그렇더라도 상체를 숙이지 않도록 주의한다.

23. 십자수(十字手)

태극권 동작 중 유일하게 반격 없이 방어만 하는 동작이다. 음양팔괘의 원리를 포함하여, 사지백해의 전신을 정리하는 단계로 양장으로 기를 모으는 자세다. 가슴을 열어 기를 모으는 가장 커다란 동작으로 다리를 강화시키고 호흡을 크게 들이마시는 동작으로 폐활량을 향상시킨다.

①체중을 오른발로 옮기고 왼발을 남쪽으로 돌려준 다음에 왼

발로 체중을 가져온다(3-141).

②오른 쪽발끝을 서남쪽으로 틀고 체중을 오른발로 옮기면서 왼손은 제자리에 놓아둔 채 오른손을 오른쪽 무릎까지 벌린다 (3-142).

〈3-141〉   〈3-142〉

③두 손을 밑으로 내리면서 체중을 왼발로 옮기고(3-143, 3-144), 손을 배 앞으로 가져와 교차시키면서(3-145), 발을 들 어 어깨넓이로 왼발과 평행하게 바닥을 딛는다(3-146).

〈3-143〉   〈3-144〉   〈3-145〉   〈3-146〉

두 손을 나누어 벌리거나 포갤 때는 상체를 앞으로 굽히지 않 도록 주의한다. 일어선 뒤는 입신중정을 상기하며 몸을 자연스럽게 똑바로 세우고, 머리를 위로 향해 받쳐주면서 턱은 약간 당겨 허령정경이 되도록 한다. 두 팔의 긴장을 풀어 침견추주에 유의한다. 두 팔로 둥글고 부드럽게 안으며 기가 품안으로 갈무리될 수 있도록 팔의 힘을 빼는 데 주력한다.

24. 수세(收勢)

기를 갈무리하여 가라앉히고 투로를 마무리하는 동작으로 숨을 고르는 과정에 해당된다. 정신을 안정시키고 호흡을 하단전까지 내려주는 동작으로 내장기능을 활성화시켜 주는 데 효과적이다.

①무릎을 펴면서 두 손을 손등이 위로 가게 펴고 앞으로 내밀어 어깨 넓이로 벌린다(3-147, 3-148, 3-149).

〈3-147〉   〈3-148〉   〈3-149〉

②두 손을 손등이 밖을 향하도록 다리 옆으로 조용히 내린다(3-150, 3-151).

③체중을 오른발로 옮기고, 왼발을 발꿈치, 발끝의 순으로 들어 올려서 오른발 옆에 내린 후 두 발에 고르게 체중을 분산시켜

예비세 자세로 되돌아온다. 이때 앞을 향하던 손등이 밖을 향하
도록 팔을 약간 돌려준다(3-152, 3-153).

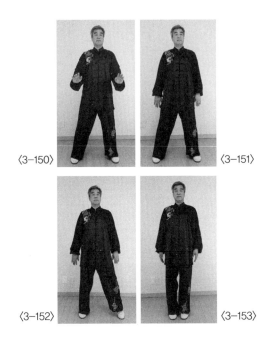

〈3-150〉 〈3-151〉

〈3-152〉 〈3-153〉

두 손은 좌우로 나누어 벌린 후 내릴 때는 온몸의 긴장을 다시
한 번 늦추고 동시에 '기(氣)'를 천천히 가라앉힌다. 호흡을 길게
내쉬며 왼발을 오른발에 당겨 일련의 동작을 마치면서 기와 호
흡을 가라앉힌다.

명 칭	작 용 및 효 과
기세	골반 균형을 잡아 척추를 바르게 유지, 남녀 성기능 강화
좌우야마분종	신장과 방광 강화, 당뇨병 치료효과
백학량시	하지근력을 향상시켜 폐와 심장 강화, 견비통과 경추에 효과, 관절염 예방
좌우루슬요보	허리와 골반 및 다리 강화
수휘비파	움직임 원활, 동작을 민첩하게
좌우도권굉	어깨 돌리기로 어깨, 팔꿈치, 팔관절염 치료, 천식, 기관지염 증상 완화
람작미	허리주도 전신운동으로 관절의 유연성, 척추 교정, 소화기, 내분비, 생식기 등에 효과
단편	심장기능 원활, 스트레스와 신경성 질환에 효과
좌운수	심신의 통일을 유도하여 신경성질환에 효과, 허리 유연, 소화불량에 좋음
고탐마	전신의 균형 잡기로 팔 관절과 소화기 장애 및 간장 질환에 효과
우등각	하지근력 강화, 위장의 소화 돕고 평형감각 유지, 집중력이 향상, 소뇌를 자극하여 신장과 방광기능 강화, 노이로제와 불면에도 효과
쌍봉관이	간기를 이롭게 하여 폐렴, 간염, 관절염, 심장병, 신경쇠약 등의 치료효과
하세독립	부보자세로 대퇴부 근력을 강화, 심장과 신장 강화, 호르몬 분비 원활, 요통에 효과
좌우천사	견비통과 요통 개선, 신장과 간장 기능 강화
해저침	기혈이 하행하여 열을 내리고 간담이 편안하여 건강해지고 저혈압의 승강 등의 작용
섬통비	어깨/가슴 펴쥬어 견비통 및 두통 예방, 정신안정
전신반란추	중심이동과 회전으로 혈류의 흐름을 조절
여봉사폐	허리 회전으로 요통과 신경성 질환 등의 예방과 치료
십자수	기를 모으는 커다란 동작으로 하지 강화, 폐활량 향상
수세	호흡 가다듬어 정신 안정, 내장기능을 활성화

〈태극권24식이 건강에 미치는 영향 일람표〉

4장
태극권 내공심법의 비밀

태극권의 호흡 이론

이 책에서 지금까지 태극권을 수련할 때 호흡을 하는 요령에 관해서는 2장의 예비세에서 호흡을 조정한다는 설명을 제외하면, 3장에서 제3단의 13번째 동작인 우등각에서 오른쪽 무릎을 들어 올릴 때 숨을 들이쉬고, 무릎을 펴면서 숨을 내쉰다는 내용에서 잠깐 언급한 적이 있다.

태극권을 처음 수련하는 사람들은 선생에게 호흡을 어떻게 하는지, 언제 숨을 내쉬고 들이마셔야 하는지를 궁금히 여겨 질문을 하곤 한다.

그러나 이 질문에 명확한 대답을 해주는 선생은 극히 드물다. 일반적으로 편하게 숨 쉬면 된다고 하거나, 자연스럽게 숨을 쉬면서 수련을 하다가 일 년쯤 지나면 가르쳐 주겠다고 답변하는 경우가 대부분이다.

우리나라 사람들은 호흡법에 대해 많은 관심을 가지고 있다. 1984년 출판되어 선풍적인 인기를 얻었던 김정빈의 『단』이라는 소설의 영향도 컸겠지만, 그 훨씬 이전부터 대부분의 한국인들이 홍콩 무협영화를 통해 중국무술을 접했고, 홍콩 무협영화에서 보여주는 대부분의 내공 수련이 가부좌를 틀고 앉아서 단전호흡을 하는 모습으로 비춰졌기 때문이다.

일반적으로 가만히 앉아 머릿속으로 무공 비급의 심오한 내용을 깨치기 위해 깊은 생각을 하면서 호흡을 하는 방법으로 내공을 수련해야 무술의 고수가 될 수 있다는 관념을 가지고 있다.

그러다 보니 대부분의 태극권을 배우는 사람들도 가르치는 선생의 동작을 정확하게 따라 하기보다는 호흡을 어떻게 하는지에 더 큰 관심을 갖는다.

사람의 두뇌는 동시에 두 가지 생각을 할 수 없다고 한다. 태극권을 배울 때 신경 써야 할 것들은 손과 발의 동작, 체중의 이동, 신체의 방향, 시선의 처리 등 수법, 보법, 안법, 신법은 물론 의념(意念)에 이르기까지 한두 가지가 아니다. 이런 것들을 한꺼번에 하기는 몹시 벅차서 제대로 하는 사람이 드문 편인데 여기에 호흡까지 신경을 쓰기는 정말 힘들다.

그러니 우선 편하게 호흡을 하라고 가르치고 일 년쯤 지나서 동작이 익숙해질 때면 호흡을 하는 요령도 자연스럽게 터득할 수 있기 때문에 따로 가르쳐줄 필요가 없는 셈이다.

흔히 '호흡은 생명이며 숨을 들이쉬는 것이 대자연의 기를 체내로 끌어들이고, 내쉬는 숨을 통해 사기를 배출하기 때문에 호흡을 천지의 기의 흐름에 일치되도록 해야 한다.'고 알려져 있다. 이렇게 적어놓고 보면 무척이나 신비로운 것처럼 보이지만, 지극히 당연하고 과학적인 설명이다.

위의 말을 평범한 우리말로 옮겨보면, '사람은 호흡을 통해 대기(天地) 중의 산소(氣)*를 체내에 확보하고, 혈액을 통해 세포에 공급함으로써 세포 내의 발전소인 미토콘드리아에서 탄소를 태워 생명유지에 필요한 에너지(氣)를 얻고, 그 과정에서 발생한 이산화탄소(邪氣)를 몸 밖으로 배출한다.'는 말이 된다. 신비하게 들리는가?

*산소(氣) : 중국에서는 산소를 양기(養氣)라고 한다.

건강을 위해서는 깨끗한 공기를 호흡해서 충분한 산소를 확보해야지 호흡이 원활하지 못하면 산소 부족으로 심각한 질병을 피할 길이 없다.

그런가 하면 잘못된 호흡은, 이를테면 격렬한 운동으로 과도한 호흡을 하게 되고 그 과정에서 발생하는 활성산소는 노화를 재촉하고 수명을 단축시키는 각종 질병의 원인이 된다고 알려져 있다.

호흡에 관해서는 이미 『황제내경』에도 언급되어 있고 수많은 저술들이 저마다의 호흡법을 내세우며 그 중요성을 강조하고 있다. 태극권 수련과정에서도 호흡은 빼놓을 수 없는 중요한 요소다. 호흡은 기의 흐름과 연관성이 있고, 태극권은 기공의 고급동공 형식이라고 이해할 수 있다.

그러나 이러한 호흡법은 주장하는 사람마다 조금씩 차이가 있으며, 나름대로 원리는 설명하고 있지만, 확실하게 밝혀진 근거도 많지 않기 때문에 어떤 방식이 확실히 맞는 호흡법이라고 단정하기 힘들다.

또 기공에서 호흡을 하는 방식과 태극권에서의 호흡법이 약간 다르기도 하고, 두 호흡 방법이 서로 뒤섞여서 혼란스러운 측면도 있다.

태극권에서는 기공에서와 마찬가지로 기본적으로 복식호흡을 해야 하며, 가늘고, 길고, 균일하게 호흡하는 것을 바람직하게 여기며, 수련을 할 때는 역천법(逆天法)을 사용한다는 것이 공통된 의견이다.

순천법(順天法)이란 숨을 들이쉴 때 아랫배를 내밀고 내쉴 때 배를 당기는 방식의 단전호흡법으로 우리가 일반적으로 앉아서 단전호흡을 할 때 숨 쉬는 방법을 말한다.

역천법은 이와는 반대로 들숨에 배를 불러들이고 날숨에 배를 내미는 단전호흡법이다. 같은 단전호흡이라도 횡경막을 어떻게 쓰느냐에 따라 다르다.

이 외에도 태극권의 호흡방식에 일정한 원칙이 있으나 앞에서 말한 것처럼 그 원칙이 초보자들의 수련에 도움이 되기는커녕 오히려 혼란만 가중시키고, 심하게는 주화입마(走火入魔)*에 빠질 수 있다고 주장하는 사람까지 있어 말하기 조심스럽다.

*주화입마 : 走火入魔, 운용을 잘못하여 몸속의 기가 뒤엉켜 통제할 수 없는 상태를 말한다. 중국인들의 실생활에서는 심근경색이나, 뇌경색, 뇌출혈, 뇌일혈 등에 대해서도 폭 넓게 사용된다.

선생들의 이야기처럼 우선 편하게 호흡을 하면서 태극권을 배우고, 일 년쯤 지나서 동작과 투로가 익숙해지면 태극권 호흡법에 관한 책이나 자료를 구해 공부를 하는 방법을 권하고 싶다. 그저 편하게 동작에 일치시키는 것이 좋다.

태극권 내공심법과 전사경

태극권에 있어서 내공심법과 전사경에 대한 비밀을 알기 위해서는 먼저 기와 내공에 대하여 알아야 할 필요가 있다. 기와 내공에 대한 일반적인 내용을 살펴보고, 그러한 내공 수련을 어떻게 하는 것이 좋을지 방법을 모색하고자 한다.

기(氣)란 무엇인가?

태극권을 수련하는 사람들의 가장 큰 관심사는 뭐라고 해도 기(氣)와 내공(內功)일 것이다. 특히 우리나라 사람들의 내공에 대한 관심은 다른 어느 나라에서도 볼 수 없을 만큼 크다.

일반인들이 일상생활에서 사용하는 말에서도 툭하면 내공을 느낄 수 있다든가, 상당한 내공을 보유하고 있다는 식으로 말하는 것을 심심치 않게 들을 수 있다. 3장에서도 언급했듯이 중국어에서 '공부'란 '오랜 수련을 통해 축적된 그 어떤 것'인데, 우리는 '내공'이라는 말로 표현하고 있다.

그런가 하면 '기(氣)'라는 말은 기운, 공기, 숨, 마음, 기질, 느낌 등의 광범위한 뜻을 가지고 있다. 옛 전적들을 살펴보면 마치 수학에서 미지수를 X라고 하는 것처럼, 뭔가 알 수 없는 것이 있으면 일단 그것에 '기'라는 이름을 붙여서 시간을 벌어놓고 천천히 설명을 해 나가는 경우도 많다.

무술이란 본시 근골피정기신(筋骨皮精氣神)을 단련하는 과정이다. 근골피를 단련하는 것은 너무도 당연한 일이므로 따로 설명할 필요가 없다. 그러나 무술이라는 관점에서 볼 때, 기는 무엇보다 기운이라는 의미로 사용되겠으나, 기만 다른 항목과 따로 떼어놓고 볼 것이 아니라 정기신에 대해 그 의미와 내용을 좀 살펴볼 필요가 있다.

도교의 양생술에서는 선천의 원정, 원기, 원신이 인간의 생명을 이루는 세 가지 요소라고 한다. 이 세 가지의 요소를 삼보라고 하여 삼보가 모자라면 병들고 쇠하며, 소진되면 죽는다고 말한다.

이런 추상적인 내용은 『황제내경』에서 비교적 구체적이고 실제적인 개념으로 정리되어 있는데, 정은 생명의 원천을 뜻하고, 기는 정과 신을 연결시켜주는 몸 안의 어떤 원재료라는 의미를 가지고 있으며, 신은 사람의 정신활동을 포괄하는 용어로 쓰인다. 『동의보감』에서도 기가 정과 신의 원천이며 사람이 숨 쉬는 활동을 통하여 대자연의 호흡을 본받는다고 설명하고 있다.

정리하면 정은 생명의 원천이고, 기는 생명의 원천을 지속시켜주는 질료(質料)를 말하며, 신은 정과 기를 움직이는 정신작용이라는 뜻이다.

그러나 이런 설명은 어디까지나 음양오행에 바탕을 둔 동양사상을 도교라는 종교적 측면으로 보거나, 동양의학의 관점에서 봤을 때 그렇다는 말이지, 무술의 관점에서 볼 때 정기신은 조금 다르게 설명되어야 한다.

근골피를 단련해야 한다는 것은 무술을 하는 사람에게는 가장 기본이 되는 일이다. 그러나 근골피를 단련해도 눈앞에 날아드는 칼날이 무서워 눈을 질끈 감아버린다면 강골과 도검이 침범

하지 못할 피부를 지녔다 한들 아무짝에도 쓸 데가 없다.

바로 강한 투지와 대범함, 공포를 극복하고 적을 상대할 수 있는 용기와 같은 정신적인 단련이 우선되어야 근골피의 단련도 의미가 있다.

이 점은 기업을 경영하는 데 있어서도 그대로 적용된다. 아무리 우수한 인재가 구름 같이 모여 있고, 탄탄한 자본과 경쟁력 있는 상품들로 월등한 시장점유율을 유지하고 있더라도, 설립이념이 불분명하고, 확고한 경영철학과 건전한 기업문화를 갖추고 있지 못하다면 사상누각에 불과하다.

과거 제세그룹이나 율산, 대우, STX 등이 신화처럼 일어났다가 한순간에 신기루처럼 사라진 사례들이 이를 증명하고 있다. 지금도 정도를 지키지 않고 부당한 방법으로 이윤만을 추구했던 여러 기업들이 곧 무너질 위험에 처해 있다는 사실이 신문 방송을 통해서 중계되고 있는 실정이다.

한의학에서 원천지기(元氣)라는 말은 생명력의 원천이 되는 기운이라는 뜻으로 사용되고 있다. 이러한 기는 인체의 특정 경로를 따라서 순환되고 있다고 간주되는데, 기가 이동하는 통로를 경락이라고 부른다. 인체에는 모두 십이경락이 존재한다고 설명하여, 한의학 체계의 근본원리로 사용된다.

그러나 중국무술과 관련하여 기에 대한 우리나라 사람들의 인식은 실제의 의미와는 다소 다른 의미로 사용되고 있으며, 어떤 면에서는 황당하게 사용되는 경우가 많다.

홍콩영화나 무협지의 영향에, 『단』을 비롯한 비슷한 유형을 가진 소설의 영향이 더해져 기에 어떤 신비주의적인 환상을 가미한 결과다.

그래서 마치 단전에는 내단 같은 뭔가가 단단하게 뭉쳐져 있고, 그런 내단에서 뿜어져 나온 기운 덩어리가 피부 이면을 불끈거리며 돌아다니고 있어서, 손을 뻗으면 무시무시한 장풍이 나오거나, 몸을 새털처럼 가볍게 하여 하늘을 날아다니는 무림의 고수를 떠올리게 된다. 머릿속으로는 황당무계하다고 인식하면서도 정작 단전호흡이나 기, 내공 같은 단어를 대하면 무의식적으로 그런 상상을 하게 된다.

왕종악의 『태극권론』에서도 기침단전을 하라고 이르고 있다. 그 구절을 글자 그대로 인식하여 아랫배에 힘을 주며 기를 느끼려고 안간힘을 쓰는가 하면, 태극권을 수련하는 일부 사람들은 "손바닥에 기감(氣感)이 느껴진다."라는 등의 애매한 말을 하고 있다.

기가 어떤 실체를 가지고 있으면 좋겠지만, 구체적인 형체가 있거나 느낄 수 있는 것이 아니라서, 형체도 없고, 느낄 수도 없는 기를 단전으로 가라앉히라고 요구하고 있으니 궁여지책으로 그런 이야기들을 한다고 판단된다.

저자가 과문하긴 해도, 태극권을 설명하는 경전들을 읽어봐도 기가 어떤 실체나 느낌을 갖게 하는 그 무엇이라고 설명하는 것은 드물고, 내용도 명확하지 못해서 궁금증만 더해지는 애매한 내용들뿐이었다.

저자가 생각하기로는 단순히 '들떠 있는 기분을 차분하게 가라앉혀서 주변의 번잡한 환경에 주의를 빼앗기지 말고 고요하게 자신의 내부를 들여다봐라.'는 의미로 받아들일 필요가 있다고 여겨진다.

내공이란 무엇인가?

　중국인들은 '오랜 기간 수련을 통해서 몸 안에 축적된 그 어떤 것, 또는 그러한 것을 축적하기 위해 수련을 반복하는 행위'를 '공부'라고 한다. 우리는 '공부'와 비슷한 의미로 어떤 사람이 가지고 있는 실력이나 재주 등을 '내공'이라고 한다.

　기계공학을 전공하고 각종 역학(力學)을 공부한 사람으로서 기와 내공에 대해 설명하기에는 입장이 약간 난처하다. 많은 사람들이 기와 내공이 어떤 신비한 작용을 하는 것처럼 설명하고 있다. 심지어는 무슨 공학박사라는 사람이 기와 내공의 신비함에 대해 장황하게 설명하는 글을 읽어보고 아연했던 일도 있었다.

　또 어떤 이들은 자신이 오랜 기간의 내공 수련을 통해 자유자재로 기를 운용할 수 있다고 주장하는가 하면, 기라는 것을 느끼려면 어려서부터 수련을 시작해서 열세 살 이전에 기를 느끼고 운용하는 수준에 이르러야 하며 그보다 늦으면 영원히 도달할 수 없다고 단언하는 이들도 있다.

　왜 하필 열세 살일까? 열네 살이면 절대 안 되는 것일까? 생각해 보면 참으로 교묘한 말이다. 요즘 세상에 그렇게 일찍 기와 내공을 수련하는 사람은 극히 드물 것이 분명하고, 그런 쪽에 관심을 갖고 그 글에 접하는 사람이라면 최소한 열세 살보다는 많을 것이 분명하다.

　이 말은 '기와 내공은 내가 말하는 방법으로 수련하는 것이 옳기 때문에 내 말대로 수련하면 당신도 장풍을 쏟아내고 하늘을 날 수 있다. 그럼에도 당신의 기와 내공이 신비할 정도에 이르지 못하는 것은 수련을 게을리 했거나, 늦게 시작한 당신 탓이지 내

책임이 아니다.'라는 뜻이다. 얼마나 교묘한 말인가?

이런 현상은 우리나라 사람들이 심한 편이라서 정작 과장이 심하다는 태극권의 본고장, 중국 사람들에게는 보기 어려운 현상이다. 중국에서는 몇 년간 투로를 수련해서 익숙해지면 참장공을 수련하는 요령을 가르치고, 추수를 시작하면서 호흡과 기의 수련에 대한 이야기를 조금씩 흘려준다.

적어도 수홍 사부나 이춘경 노사가 그 어떤 신비한 작용이나 황당한 이야기를 한 적이 없었고, 저자가 만나보았던 사람 중에서도 그런 쪽으로 관심을 가지는 사람은 없었다.

왕종악의 『태극권론』에서는 경을 알게 된다고 언급하고 있다. 여기서 말하는 경, 즉 힘쓰는 방법이라는 뜻을 가진 경이란 전사경을 의미한다. 상대의 공격 의도를 보다 일찍 파악하기 위해 몸을 밀착시킨 상태에서 대결을 하는 태극권의 특징상, 짧은 거리를 움직여 보다 큰 타격을 입히기 위해 필요한 힘쓰는 방식을 말한다.

Newton의 '제2법칙'에서는 힘을 질량과 가속도의 곱으로 정의하고 있다. 수식으로 표현하면 다음과 같다.

$$F(\text{힘})=M(\text{질량}) \times A(\text{가속도})$$

즉 질량이 크거나, 가속도가 클 때 힘이 증가한다. 한편 힘에 영향을 주는 가속도를 고려해야 한다. 가속도는 거리를 이동시간의 제곱으로 나누어 준 값을 말한다.

$$A(\text{가속도 } m/s^2)=L(\text{거리 } m) \div T^2(\text{시간 } s^2)$$

즉 가속도는 단위거리에 대한 이동시간이 짧을수록 커진다. 공격을 할 때 적용되는 질량이란 체중을 의미하는데, 팔의 힘만으로 상대를 공격한다면 팔의 무게는 전체 체중에 비해 상당히 작기 때문에, 팔로 상대를 가격하더라도 그 팔에 자신의 모든 체중을 실어 공격하면 팔과 상체의 질량만큼 힘의 차이가 생긴다.

결국 상대와 팔을 서로 맞대고 밀착되어 있는(거리가 정해져 있는) 상태에서 더 큰 힘을 발휘하기 위해서는 팔에 더 많은 체중을 실어 순간적으로 힘을 발휘해야 한다는 말이다.

영춘권에서는 재빠른 속도로 단타(촌경)를 퍼부어 상대에게 타격을 주는 데 반해 태극권에서는 전사경을 사용해서 그 힘을 키우는 방식을 고안했다. 허리를 틀면서 공격함으로써 보다 많은 체중을 얹고, 다시 정해진 거리를 회전력을 이용해 힘을 증가시키는 방식이다.

여기에 '사량발천근'으로 표현된 상대방의 힘을 사용하면 작은 힘으로도 상대방에게 큰 타격을 줄 수 있는 원리다.

즉 '사기종인'으로 내 의도를 감추고 상대방의 움직임에 따라 상대의 공격을 흘려보내는 식으로 응대하다가, 상대가 무리하게 밀고 들어오거나 물러나는 적절한 순간을 포착해서 밀고 들어오는 적을 잡아채서 당기거나, 물러나는 상대방을 몰아붙여서 제 풀에 중심을 잃고 쓰러지도록 하는 기술이 바로 '전사경'이라고 할 수 있다.

무게가 상대적으로 작은 팔 힘만으로 상대하는 것이 아니라 전 체중을 팔에 얹어서 응대하는데, 팔을 독립적으로 움직이는 것이 아니고 허리를 움직이면 팔은 마치 허리에 끈으로 묶여 있는 것처럼 이른바 화경을 써서 전 체중을 팔에 실어 공격력을 높일 수 있는 원리다.

이것이 바로 태극권의 내공심법, 전사경의 비밀이다. 신비한 것이 아니라 과학적이다.

내공수련

기와 내공에 대해서는 오랫동안 수많은 당대의 학자들에 의해 연구되어, 이론이 체계적으로 정립되었으며, 또 실제로 그 이론에 바탕을 둔 치료를 통해 각종 질병을 가진 환자들의 건강을 지켜왔던 점은 이미 잘 알려진 현실이다.

오래 전부터 기와 내공에 대한 과학적 연구가 많이 진척되었고, 결과도 적지 않은 실정이지만 그렇다고 속 시원하게 밝혀진 것은 아니다.

그저 '유의하다.'라는 식으로 표현되는, 뭔가가 있는 것 같기는 하다는 결론으로 끝내는 것이 대부분이다.

이것을 밝혀졌다고 해야 하는지, 밝혀지지 않았다고 해야 하는지는 저자도 잘 모르겠다.

아마 무시해도 좋을 만큼 극히 일부분이 밝혀졌고, 거의 대부분이 밝혀지지 않았다고 보는 게 맞을 것이다. 현대과학이나 의학으로 밝히지 못한 의문들은 과학이나 의학이 밝혀내지 못했다는, 즉 아직 모르고 있다는 의미일 뿐, 그런 것이 없어지거나, 그렇지 않다고 부정해도 좋다는 뜻은 아이다.

십이경락 자체가 서양의학에서는 알 수 없는 수천 년 동안의 누적된 경험치를 통한 직관에 의해 정리된 것이기 때문에 처음부터 출발점이 다른 동양의학을 서양의학의 관점에서 밝히려는 시도 자체가 우스꽝스러운 일이다.

그렇기 때문에 우리가 아직 모른다는 이유로 기나 내공을 신비주의적이라거나 주술적이라고 치부하며 무시할 수만은 없다. 단지 정확하게 설명할 수 없을 뿐이다.

기공이나 내공 수련과 관련된 문헌이나 자료는 이미 평생을 읽어도 다 읽지 못할 만큼 많이 나와 있고, 상당 부분 수긍이 가는 내용들로 채워져 있다.

저자 역시 거의 사십 년 동안 이 방면에 관심을 가지고 책벌레라는 별명에 걸맞도록 닥치는 대로 읽어 보았다. 한동안 기와 내공을 수련하기 위해 여러 가지 방법을 시도해 보았으나 시간도 부족하고 성격과도 맞지 않아 오랜 시간 공들여 수련하기에는 한계가 있었다.

공학을 전공했으며, 설명할 길이 없고, 스스로 확인하여 경험도 해본 적이 없는 저자로서는 섣부르게 결론을 내리기 보다는 과거 선배들이 어떤 방식으로 수련했는지 그 방법을 소개만 하고, 판단은 관심을 가진 분들에게 맡기는 것이 옳은 일이라고 생각한다.

최근에 일반적으로 통칭해서 기공이라고 부르는 것들은 이미 수천 년의 역사를 가지고 있는 만큼 그 방법론도 수없이 많다. 우선 기에 대한 개념부터가 그 종류만도 적지 않은 실정이지만, 이 책의 목적이 기공을 소개하는 것이 아니므로 일반적으로 사용하는 포괄적인 기의 개념을 생각하면 되겠다.

수련방법도 도인, 토납, 운기, 좌선, 참장, 내공 등 셀 수 없이 많고, 그 많은 내용들을 다 살펴보기에는 따로 여러 권의 책이 필요하다. 이 책에서는 태극권을 수련하는 사람들에게 알려져 있는 몇 가지만을 추려서 소개하려고 한다.

이 몇 가지의 간략한 소개로 득도하기에는 터무니없이 부족하겠지만, 저자보다 충분히 현명한 분이 계셔서 이 책에 소개한 수련방법을 통해 대해와도 같은 내공을 얻고 무술의 패러다임을 근본부터 바꿔 놓을 수 있다면 더 바랄 나위가 없겠다.

(1)참장공

'내공수련' 하면 '좌선'을 먼저 떠올리는 것이 일반적이다. 그러나 좌선은 종교적인 성격을 가질 뿐이고, 중국무술이나 기공, 태극권 등에서 내공수련의 기본이 되는 자세는 '참장'이다. 마치 말을 탄 것과 같은 모양으로 엉거주춤하게 서서 커다란 항아리나 나무를 끌어안고 있는 모습이다.

우리 몸의 근육과 신경은 물론이고 한의학에서 말하는 경혈들은 장부와 밀접한 관련이 있고 크게 영향을 주고 있다. 그래서 균형 있는 운동이 좋은 것이고 '참장공'은 이 요구를 충족시켜주는 운동이다.

비록 균형의 욕구를 충족시키는 자세를 잡고 서 있다고 하더라도 움직임이 없는데 무슨 운동이냐고 생각하는 사람도 있다. 그러나 '가만히 있는 것과 아무 것도 안 하는 것은 전혀 다르다'*. 외견상 움직임이 없는 가운데 몸 안에서 잔잔한 진동이 일어난다. 이런 잔잔한 떨림은 굳은 내장과 근육을 풀어주는 구실을 한다. 실제로 수련할 때 일정 시간이 지나면 온몸이 땀으로 흠뻑 젖게 되는 경우가 많다.

'참장공'은 자신의 내면세계를 탐구함으로써 신체적으로는 신진대사가 원만히 이루어지도록 하고, 혈액순환과 내분비를 강화하면서 기를 원활하게 순환시키는 것이다.

정신적으로는 긍정적인 사고를 통해 고요한 의식의 심연으로 가라앉도록 하는 수련법이다.

'참장공'에는 수많은 참장 자세가 있다. 앉거나 누워서 하는 자세는 물론 서서 하는 자세에도 여러 가지 방식이 있다.

문파별로도 그 자세가 각각 다르다. 일반적으로는 평행보로 서서 수련한다.

태극권의 예비세 자세와 같이 두 발을 가지런히 모아 차렷 자세를 하고 앞서 설명한 입신중정, 허령정경, 침견추주, 함흉발배, 기침단전, 송요송과, 원당곡슬, 허실분명의 요점을 잘 명심하고 자세를 세심히 살펴야 한다.

기세와 같이 체중을 오른발로 옮긴 후, 왼발을 들어 어깨넓이로 벌리고, 손등이 위로 가도록 천천히 들어 올려 어깨높이가 되면 무릎을 굽히며 두 팔로 가슴 앞에 커다란 항아리를 안고 있는 것처럼 둥글게 말고, 가늘고 긴 호흡을 고르게 쉬면서 의식을 내면으로 돌려 마음을 가라앉힌다.

숨을 들이쉴 때 회음에서 시작해서 명문을 거쳐 백회에 이르는 독맥을 따라 기를 올려 입술에 도달하면, 날숨에 임맥을 따라 기를 단전으로 내린다.

독맥은 몸 뒤쪽 중앙선을 따라 올라가는 양의 경맥이고, 임맥은 몸의 앞부분 가운데를 따라 내려오는 음맥이다. 임맥과 독맥을 십이경락에 더해 십사경락이라고 말하기도 한다.

한 호흡에 독맥과 임맥을 따라 기를 돌리는데 이를 소주천이라고 한다. 이른바 백회혈이 닫히기 전의 갓난아기는 바로 이 임독 양맥을 따라 호흡을 하며 기가 순통 되는데 나이를 먹으면서 백회혈이 막혀 임독 양맥이 통하지 않기 때문에 문제가 생긴다고 하며, 바로 참장공 등의 내공 수련을 통해 임독 양맥이 통하면 갓난아기와 같은 원천지기를 얻을 수 있다고 한다.

경우에 따라서는 단전에서 출발한 기를 배 주위 시계 방향으로 돌려주기도 한다.

어떤 사람들은 남자는 왼쪽으로 돌리고 여자는 오른쪽으로 돌려야 한다고 주장하기도 하지만, 그럴 리가 없다고 짐작만 할 뿐 확인된 바가 없으니 뭐라고 결론을 내리기 곤란하다.

그보다 근본적인 문제는 이미 여러 번 언급했듯이 실체가 없는 기를 대주천이 됐든 소주천이 됐든 무슨 재주로 돌리느냐 하는 것이다. 눈에 보인다든가, 몸속에 뚜렷하게 느껴지는 감각이 있다면 모르겠거니와, 경락을 따라 순환한다는 생명의 질료인 기를 어떻게 돌리겠는가?

그냥 보이지 않고 느낄 수 없더라도 의념으로 기라는 것이 몸속에 있어 들숨에 그 기를 독맥을 따라 백회혈로 올려주고, 날숨에 단전으로 내려준다고 생각을 하면 된다. 그런 식으로 수련을 해서 기가 느껴진다면 정말 다행이고, 설사 느낄 수 없다고 하더라도, 복식호흡을 통해 마음을 가다듬고, 내면을 바라보면서, 전신을 이완시키고, 맑고 투명한 정신을 느낄 수 있다면 그것만으로도 참선의 효과가 있고 스트레스를 없앨 수 있어 심신의 안정을 얻는 데 충분히 가치가 있다고 생각된다.

저자의 경험에 의하면 처음에 수련을 하다 보면 독맥을 따라 기를 백회로 올릴 때는 어떤 느낌이 들기도 한다. 날숨에 임맥을 따라 기를 가라앉히는 과정에서는 가슴 어림에서 뭔가가 막히는 느낌이 들었고, 두어 달 더 수련을 해서 배로 내려가는 느낌이 들었던 것을 보면 뭔가가 독맥과 임맥을 따라 순환하는 것 같기도 하다.

그런가 하면 단전에 뭔가가 있는 것 같은 느낌이 들기도 하는데 그것이 내공인지는 저자도 알 수가 없다.

(2)팔단금

십 년쯤 전부터 중국 전역에 '팔단금'이 보급되어 많은 중국인들이 태극권을 수련하기 전에 준비운동을 하는 식으로 팔단금을 연마하고 있다. 중국 정부 체육총국 주관으로 각 지방정부를 동원해서 지역별 태극권 교련들을 대상으로 집체교육을 시켜 본격적으로 보급했기 때문이다.

'팔단금'은 송, 요, 금이 대륙을 분할 통치하던 10~14세기경의 권법으로 일설에는 악무목, 악비 장군이 만들었다는 주장도 있다. 호흡을 중시하는 여덟 가지의 동작으로 이루어져 있는 일종의 의료 운동으로, 중국 역사상 최고의 명의 화타가 고안했다는 오금희와 더불어 내공을 수련하는 가장 좋은 연공 방법이라고 한다.

인터넷을 보면 동영상을 쉽게 찾을 수 있고, 몇몇 태극권 수련장에서는 '팔단금' 강좌를 개설해서 가르치는 곳도 있다. 그 효과에 대해서도 많이 홍보하고 있으니 관심 있는 분이 수련하는

데는 큰 어려움이 없을 것이다.

(3)각종 도인체조

도인체조는 동작, 호흡, 마음, 기의 흐름을 일치시켜서 근육과 관절을 늘이고 당기는 체조를 말한다. 도인(導引)이라는 글자가 근육과 관절을 당기고 늘려서 긴장을 이완시킨다는 뜻을 가지고 있다.

중국에는 정말 많은 종류의 도인체조가 있어 아직도 공원 등에서 많은 사람이 수련을 하고 있다. 폭넓게 본다면 '오금희'나 '팔단금' 역시 일종의 도인체조라고 볼 수 있다.

퇴계 선생은 주권(朱權)*의 『활인심』 내용에 일부 수정을 가하면서 필사하여 『활인심방』이라 표제를 달았다.

*주권(朱權) : 함허자(? ~1448), 중국 명나라 때의 도인. 『활인심』의 저자.

『활인심방』은 만병의 근원이 마음에 있다는 전제로 마음 수련을 통해 기를 다스려 건강을 지키고 생명력을 기르는 양생법이다. 그러는 한편 당신 스스로도 전해 내려오던 기존의 도인체조를 개량하여 수련을 하면서 제자들에게 널리 보급하셔서 자칫 선비들이 건강을 잃을까 염려하셨다고 한다.

(4)국선도 단전호흡

국선도는 한국 선도단체 중 하나로, 다른 선도와 구별하기 위한 수련단체다. 무운도사, 청운도사, 청산선사로 전수되었다는 국선도는 1967년부터 보급되기 시작하여 국내 기공 수련의 출발점이 되었다.

지금은 세계연맹 등을 통해 전 세계로 보급되고 있다.

국선도는 단전호흡을 통해 심신을 단련하고 지(智), 인(仁), 용(勇)을 갖춘 전인적 인격 형성을 목적으로 하고 있다. 이러한 국선도는 상고시대에서부터 시작되어 삼국시대에 가장 강성했다고 전해진다.

3단계 과정으로 나누어 수련을 하는데, 각 단계마다 각각 세 가지의 단법이 있다. 1단계는 정각도(正覺道) 수련과정으로 중기단법, 건곤단법, 원기단법이 있고, 2단계는 통기법(通氣法) 수련과정으로 진기단법, 삼합단법, 조리단법이 있다. 3단계는 선도법(仙道法)의 수련과정으로 삼청단법, 무진단법, 진공단법이 있다.

국선도에서는 단전호흡만 하는 것이 아니라 단전호흡을 시작하기 편한 신체 상태를 만들기 위해 전신의 굴신동작을 먼저하고, 단전호흡을 하고 나서도 굴신동작을 통해 기와 체력을 더욱 강화하는 방식으로 수련을 한다.

저자도 한동안 국선도 단전호흡을 수련하였는데, 처음에는 이렇게 해서 기와 내공이 수련이 될지 의심이 들었으나 몇 개월 후 등산할 때 몸이 가볍고, 숨이 차는 현상이 없어진 것을 깨닫고 그 효과를 확신하게 되었다. 계속 수련을 하고 싶었으나 중국에 주재원으로 파견을 나가는 바람에 중단하고 말았다.

지금도 누군가가 저자에게 기공 수련 방법을 문의해 오면, 가까이에 태극권을 배울 만한 곳이 없다면 집 주위에 있는 주민센터 문화강좌를 확인해서 국선도 단전호흡을 수련하라고 권하고 있다.

(5)태극권 투로

지금은 태극권을 배운다면 의례히 24식간화태극권 투로를 배우면서 시작하지만 태극권의 투로가 처음부터 있었던 것은 아니다. 그 전에는 태극권의 개별 동작들을 단수로 익혀서 필요한 상황에 적절하게 활용하도록 하였다고 한다.

태극권의 투로는 약 백 년쯤 전에 처음 만들어진 것으로 알려져 있다. 태극권의 핵심이 되는 개별 동작들을 투로로 엮어서 한 가지 투로를 수련하면 그 속에 포함된 여러 가지 동작들을 한 번에 익힐 수 있다는 장점을 인정받아, 문파를 가리지 않고 저마다 단계별로 여러 수준의 투로를 다양하게 만들어 태극권을 가르치게 되었다.

사람마다 조금씩 다르겠지만 태극권을 수련하는 목적이 태극권 그 자체가 아니라, 태극권을 통해서 자기 자신을 들여다 보고 성찰함으로써 깊은 깨달음의 경지로 나가기 위한 것이라고 언급한 바 있다.

많은 이들이 형식보다 내용이 중요하다는 이야기를 한다. 그런데 그 내용이라는 것은 무엇일까. 세상에 그 어떤 내용도 형식을 벗어나서는 존재할 수 없을 것이다. 형식이 내용을 담기 위한 그릇이긴 하지만, 그 내용은 결국 형식이라는 그릇에 제한을 받을 수밖에 없기 때문이다.

우리가 태극권을 수련하는 목적이 기를 수련하여 내공을 쌓기 위함이라고 하여, 다른 여러 내공 수련법을 찾아다니기보다는, 즉 기를 수련하고 내공을 높여서 태극권을 잘하려고 하기 보다는 태극권을 수련하여 내공을 높이는 방법이 올바른 길이라고 판단된다.

저자 역시 내공과 기를 수련하려고 한동안 시도해보았다. 좌선도 해보았고, 국선도 단전호흡은 물론, 팔단금도 연공하고, 참장공을 수련해 보기도 하였다.

그러나 각종 문헌에서 설명하는 그런 경지를 느낄 수 없었다. 그저 국선도를 수련하고 나서 몸이 가벼워지고 등산할 때 숨 차는 일이 없다는 효과를 제외하면 다른 수련을 통해 뭔가 힘이 마구 뻗치거나 그 어떤 기운이 몸속을 돌아다니는 등의 느낌은 없었다.

혹 단련을 게을리 했던 것은 아닌지, 그야말로 산속의 은거기인이라도 찾아나서야 하는지, 누구 말대로 너무 나이를 많이 먹고 시작을 해서 그런 것인지 하는 억울한 생각도 들지만, 과연 이런 방식으로 기를 수련하고 내공을 높일 수 있겠는가 하는 의문이 들었다.

기를 수련하고 내공을 쌓는 목적이 태극권을 보다 더 높은 수준으로 끌어올리기 위한 것인데, 쉽지도 않거니와 그 결과도 보장된 바가 없는 불확실한 참장공이나 팔단금을 수련한다는 것은 지극히 불합리한 일이라고 판단하였고, 그 즉시 수련을 중단하였다.

많은 사람들이 기를 수련하기 위해 참장공이나, 팔단금, 더러는 오금희 같은 연공 방법이 좋다고 주장하고 있으나, 그렇지 않다는 그 어떤 증거도 갖추지 못한 저자로서는 뭐라고 반박할 방법이 없다.

그럼에도 불구하고 태극권의 정수가 집약된 각종 태극권 투로를 꾸준히 반복 수련하는 것만이 스스로의 태극권 수준을 높일 수 있는 올바른 방법이고, 그 방법을 통해 기를 수련하고 내공의 수준을 높인다는 부수적인 효과도 얻을 수 있다고 믿는다.

5장
부 록

관절염 태극권

관절염 태극권 개요

최근 들어 태극권이 특히 중증 이외의 관절염에 효과가 있으며, 여타 치료법보다도 비용 대비 탁월한 효과가 있다는 연구결과들이 쏟아져 나오고 있다.

이에 따라 국내의 많은 보건소나 복지관에서 앞을 다투어 관절염 태극권을 보급하고 있어 노인들의 건강 증진에 효과가 있음이 실증되고 있다. 또한 각 지자체들이 주관하여 주기적으로 관절염 태극권 대회를 개최하여 많은 노인들이 참여하게 함으로써 노인들 여가 선용의 좋은 도구로도 활용되고 있다.

'관절염 태극권'은 호주의 가정의학과 의사인 Dr, Paul Lam과 호주의 체육박사 및 의사들이 호주 관절염재단 지원으로 연구하여 태극권으로 관절과 관련된 질병들을 회복 개선시킬 수 있도록 개발한 프로그램이다.

본인이 관절염 환자였던 Paul Lam 박사는 이 운동으로 관절염을 회복하였고, 이를 프로그램으로 만들어 널리 보급하고 있다. 이 프로그램은 이미 국내외에서 많은 연구자들의 임상실험을 통해서 효과가 매우 큰 것으로 입증되었다.

태극권은 느리고 완만한 동작으로 전신의 근육을 고르게 사용하여 골격을 바르게 하고 호흡을 깊고 고르게 하여 정신을 깊이 있는 이완상태로 끌어주는, '움직이는 명상'이라 불리는 운동이다.

관절염 태극권은 손식 태극권의 주요 초식들을 압축하여 만든 태극권이며, 태극권의 한 유파인 손식 태극권에 그 모태를 두고 있기 때문에 '간화 손식 태극권'이라고도 한다.

폴 램 박사는 1986년 설립한 Better Health Taichi Chuan Inc.(건강태극권협회)의 창립자이며 주(主) 교육 강사다. 1993년 북경에서 열린 제3회 국제태극권대회에서 자신이 직접 출전하여 금메달을 수상했고 몇몇 경기에서 심사위원으로 활동하기도 하였다.

1997년 폴 램 박사는 태극권으로 본인이 직접 경험했던 효과를 관절염을 앓는 사람들에게 알려 도움을 주고자 하였다. 이런 목적으로 그는 태극권을 수련하는 그룹 및 의료진들과 함께 관절염을 위한 태극권 12식을 개발하였다.

필요에 따라서는 '관절염 태극권 12식'을 반으로 나누어 6식을 먼저 배워 수련하게 한 후, 나머지 6식을 이어서 수련하게 하는 운용의 묘를 살려 수련자들의 흥미를 유발하고 있으며, 12식 수련 후에는 '관절염 태극권 19식'을 익히고, 12식과 19식을 합쳐 '관절염 태극권 31식'을 수련하게 하는 방식으로 지루하지 않게 단계별로 수준을 높여 갈 수 있도록 구성하였다.

이러한 흐름에 맞추어 국내에서도 관절염 태극권 지도자의 수요가 급속하게 늘어나고 있으나 체계적인 양성과정이나 공인된 자격제도가 미비되어 있는 실정이다.

관절염 태극권의 특징

첫째, 동작이 매우 간략하고 운동을 전혀 하지 않은 일반인들이 배우기가 쉬워 다른 운동과 달리 운동으로 인한 부상이나 사고들 당할 위험이 없다는 점이다.

둘째, 관절에 무리를 주지 않을 뿐만 아니라 관절 인대를 강화하고 관절의 유연성을 향상시켜 통증을 감소하고 잘못된 자세를 교정하며 자세를 바르게 하여 신체의 조화를 이루는 데 매우 뛰어난 효과가 있다.

셋째, 강력한 기공법으로서 각각의 동작들을 수련하다 보면 손끝까지 기(氣)가 통하는 것을 느낄 수 있고 온몸에 기운이 흐르는 것을 쉽고 빠르게 느낄 수 있다.

넷째, 관절염뿐만 아니라 낙상 예방은 물론 전반적인 건강 증진 효과를 부수적으로 얻을 수 있다.

다섯째, 한 번 배워 놓으면 평생 자신의 것이 되어 실내에서나 잔디밭 등 작은 공간만 있어도 스스로 수련할 수 있다.

관절염 태극권의 투로

▶관절염태극권 6식

(1)태극기세
(2)개합수
(3)단편
(4)운수
(5)개합수
(6)수세

▶관절염 태극권 12식

(1)태극기세
(2)개합수
(3)단편
(4)운수
(5)개합수
(6)누슬요보
(7)수휘비파
(8)진보반란추
(9)여봉사폐
(10)포호귀산
(11)쌍수개합
(12) 수세

*관절염 태극권 12식의 전반부를 6식 루슬요보 대신 수세로 마무리 하면 관절염 태극권 6식이 된다.

▶관절염 태극권 19식

(1)기세
(2)개합수
(3)단편
(4)우운수
(5)개합수

(6)좌루슬요보

(7)수휘비파

(8)진보반란추

(9)람작미

(10)개합수

(11)단편

(12)좌운수

(13)개합수

(14)우루슬요보

(15)수휘비파

(16)진보반란추

(17)람작미

(18)개합수

(19)수식

▶관절염 태극권 31식

(1)태극기세	(2)개합수
(3)단편	(4)운수
(5)개합수	(6)수세(누슬요보)
(7)수휘비파	(8)진보반란추
(9)여봉사폐	(10)포호귀산
(11)쌍수개합	(12)좌단편
(13)좌운수	(14)개합식
(15)누슬요보	(16)수휘비파

(17)진보반란추　(18)여봉사폐
(19)포호귀산　　(20)개합식
(21)우누슬요보　(22)남찰의
(23)개합식　　　(24)좌단편
(25)주저간추　　(26)좌도련후
(27)우도련후　　(28)좌누슬요보
(29)좌람찰의　　(30)개합식
(31)수세

대표적인 태극권 투로 소개

8식 태극권

기세
(1)권굉세
(2)누슬요보
(3)야마분종
(4)운수
(5)금계독립
(6)등각
(7)람작미
(8)십자수
수세

실제로는 10식 태극권이라고 할 수 있으나 8자를 좋아하는 중국 사람들은 기세와 수세를 빼고 8식이라고 부른다.

우리나라와 달리 공원이나 광장에서 태극권을 수련하는 중국인들은 비나 오거나 추운 겨울에는 밖에 나가 수련을 할 수 없어서 실내에서 간단히 수련을 할 수 있도록 만든 투로다.

중국에서는 태극권을 배울 때 의례 24식으로 시작하는데 단숨에 배우기에는 벅차기 때문에 꼭 악천후가 아니더라도 단 기간 내에 배우기 좋아, 태극권을 시작하는 초보자가 우선 태극권에

홍미를 느끼도록 하는 데 유용하다.

16식 태극권

(1)기세(起勢)
(2)좌우야마분종(左右野馬分鬃)
(3)백학양시(白鶴亮翅)
(4)좌우루슬요보(左右摟膝拗步)
(5)진보반란추(進步搬拦捶)
(6)여봉사폐(如封似閉)
(7)단편(單鞭)
(8)수휘비파(手揮琵琶)
(9)도권굉(倒卷肱)
(10)좌우천사(左右穿梭)
(11)해저침(海底針)
(12)섬통비(閃通臂)
(13)운수(雲手)
(14)람작미(右左攬雀尾)
(15)십자수(十字手)
(16)수세(收勢)

태극권을 처음 배우는 사람에게 8식의 금계독립이나 등각은 어려운 동작이다. 16식은 비교적 쉬운 동작으로만 구성되었기 때문에 16식으로 태극권을 시작하는 것도 좋은 방법이다.

48식 태극권

	기세	(起勢)	25.	좌등각	(左蹬脚)
1.	백학량시	(白鶴亮翅)	26.	엄수료권	(掩手撩拳)
2.	좌루슬요보	(左搂膝拗步)	27.	해저침	(海底针)
3.	좌단편	(左單鞭)	28.	섬통배	(閃通背)
4.	좌비파세	(左琵琶勢)	29.	우좌분각	(右左分脚)
5.	날제세	(捋擠勢)	30.	루슬요보	(搂膝拗步)
6.	좌반란추	(左搬拦捶)	31.	상보금타	(上步擒打)
7.	좌붕리제안	(左棚履擠按)	32.	여봉사폐	(如封似闭)
8.	사신고	(斜身靠)	33.	좌운수	(左運手)
9.	주저추	(肘底捶)	34.	우별신추	(右撇身捶)
10.	도권굉	(倒卷肱)	35.	좌우천사	(左右穿梭)
11.	전신추장	(轉身推掌)	36.	퇴보천장	(退步穿掌)
12.	우비파세	(右琵琶勢)	37.	허보압장	(虛步庄掌)
13.	루슬절추	(搂膝截捶)	38.	독립탁장	(独立托掌)
14.	백사토신	(白蛇吐信)	39.	마보고	(馬步靠)
15.	박각복호	(拍脚伏虎)	40.	전신대리	(轉身大捋)
16.	좌별신추	(左撇身捶)	41.	료장하세	(撩掌下勢)
17.	천권하세	(穿拳下勢)	42.	상보칠성	(上步七星)
18.	독립탱장	(独立撑掌)	43.	독립과호	(独立跨虎)
19.	우단편	(右單鞭)	44.	전신파련	(轉身擺蓮)
20.	우운수	(右云手)	45.	만궁사호	(挽弓射虎)
21.	좌우분종	(左右分鬃)	46.	우반란추	(右搬拦捶)
22.	고탐마	(高探馬)	47.	우붕리제안	(右棚履擠按)
23.	우등각	(右蹬脚)	48.	십자수	(十字手)
24.	쌍봉관이	(双峰貫耳)		수세	(收勢)

48식 태극권은 1969년 인민대학교의 이덕인 교수를 중심으로 3개월간의 작업을 통해 만들어져서 북경과 하얼빈 등지에서 공개되기 시작했다.

1979년부터 본격적으로 인정받기 시작하여 체육대학과 체육전문학교의 무술수업 정식과목으로 취급되기 시작했으며, 세계 각국에서 수련하는 애호가들이 많은 투로다.

충실한 내용과 동작의 원만함, 균형 있는 단련, 합리적인 배열을 갖추고 있으며 배우기 쉽다는 특징을 갖추고 있다

일명 '종합태극권'으로 불리기도 하는데, 중국의 5대 문파인 진식, 양식, 오식, 손식, 무식 태극권의 대표적인 동작들이 종합적으로 표현되어 있다.

기본적으로 양식 태극권의 동작들로 구성되어 있는데, 양식 태극권이 70퍼센트, 나머지 4대 문파 태극권의 동작들이 조금씩 포함되어 있다.

좌우 동작이 대칭적이라 균형 감각을 익히는 데 유용하다. 동작의 난이도는 조금 높은 편이지만 24식 태극권을 수련한 사람이라면 몇 번의 동작 반복으로도 충분히 소화해낼 수 있는 투로다.

42식 경새투로가 만들어지기 전까지는 시합용 투로로 사용되었다는데, 42식 경새투로가 만들어진 이후에도 많은 사랑을 받고 있는 투로다.

42식 태극권 경새투로

1. 기세	(起勢)	22. 쌍봉관이	(双峰貫耳)
2. 우람작미	(右揽雀尾)	23. 좌분각	(左分脚)
3. 좌단편	(左單鞭)	24. 전신박각	(轉身拍脚)
4. 제수상세	(提手上勢)	25. 진보재추	(進步栽捶)
5. 백학량시	(白鶴亮翅)	26. 사비세	(斜飛勢)
6. 루슬요보	(樓膝拗步)	27. 단편하세	(單鞭下勢)
7. 별신추	(撇身捶)	28. 금계독립	(金鷄独立)
8. 랄제세	(捋擠勢)	29. 퇴보천장	(退步穿掌)
9. 반란추	(搬拦捶)	30. 허보압장	(虛步壓掌)
10. 여봉사폐	(如封似闭)	31. 독립탁장	(独立托掌)
11. 개합수	(開合手)	32. 마보고	(馬步靠)
12. 우단편	(右单鞭)	33. 전신대리	(轉身大捋)
13. 주저추	(肘底捶)	34. 헐보금타	(歇步擒打)
14. 전신추장	(轉身推掌)	35. 천장하세	(穿掌下勢)
15. 옥녀천사	(玉女穿梭)	36. 상보칠성	(上步七星)
16. 좌우등각	(左右蹬脚)	37. 퇴보과호	(退步跨虎)
17. 엄수굉추	(掩手肱捶)	38. 전신파련	(轉身擺蓮)
18. 야마분종	(野馬分鬃)	39. 만궁사호	(彎弓射虎)
19. 운수	(運手)	40. 좌람작미	(左揽雀尾)
20. 독립타호	(独立打虎)	41. 십자수	(十字手)
21. 우분각	(右分脚)	42. 수세	(收勢)

42식 태극권 경새투로는 1988년에 이덕인, 민혜풍, 장산 등의 전문가가 참여하여 투로의 형식과 규칙을 제정하고 1989년 정식 공표되었다.

42식 태극권은 경기를 목적으로 하는 투로 형식이기 때문에 모든 동작의 외형과 방향을 표준화하고 각 동작에서 요구하는 규칙을 규범화하였다.

양식 태극권 대가 형식의 풍격과 특징을 위주로 하면서 진식, 오식, 순식의 일부 동작을 가미하여 전체적으로 48식 태극권과 유사한 점이 있다.

양식 40식 경새투로

1 기세(起勢)	2 람작미(揽雀尾)
3 좌단편(左單鞭)	4 제수상세(提手上勢)
5 백학양시(白鶴亮翅)	6 누슬요보(摟膝拗步)
7 수휘비파(手揮琵琶)	8 반란추(搬拦捶)
9 여봉사폐(如封似閉)	10 사비세(斜飛勢)
11 주저추(肘底捶)	12 도권굉(倒卷肱)
13 좌우천사(左右穿梭)	14 야마분종(野馬分鬃)
15 운수(運手)	16 단편(單鞭)
17 고탐마(高探馬)	18 우등각(右蹬脚)
19 쌍봉관이(双峰貫耳)	20 좌분각(左分脚)
21 전신등각(轉身蹬脚)	22 해저침(海底针)
23 섬통비(閃通臂)	24 백사토신(白蛇吐信)
25 우박각(右拍脚)	26 좌우복호세(左右伏虎勢)
27 좌하세(右下勢)	28 금계독립(金鷄独立)
29 지당추(指裆捶)	30 남작미(揽雀尾)
31 단편(單鞭)	32 좌하세(左下勢)
33 상보칠성(上步七星)	34 퇴보과호(退步跨虎)
35 전신파련(轉身摆莲)	36 만궁사호(彎弓射虎)

37 반란추(搬拦捶)　　　38 여봉사폐(如封似閉)
39 십자수(十字手)　　　40 수세(收勢)

진식 56식 태극권 경새투로

1. 기세
2. 우금강도대
3. 나찰의
4. 우육봉사폐
5. 좌단편
6. 반란추
7. 호심추
8. 백학량시
9. 사행요보
10. 제수
11. 전당
12. 우엄수굉추
13. 피신추
14. 배절고
15. 청룡출수
16. 참수
17. 번화무수
18. 해저번화
19. 좌엄수굉추

20. 좌육봉사폐
21. 우단편
22. 운수(향우)
23. 운수(향좌)
24. 고탐마
25. 우연주포
26. 좌연주포
27. 섬통배
28. 지당추
29. 백원헌과
30. 쌍추수
31. 중반
32. 전초
33. 후초
34. 우야마분종
35. 좌야마분종
36. 파련질차
37. 좌우금계독립
38. 도권굉

39. 퇴보압주
40. 찰각
41. 등일근
42. 해저번화
43. 격지추
44. 번신이기
45. 쌍진각
46. 등각
47. 옥녀천사
48. 순란주
49. 과편포
50. 작지룡
51. 상보칠성
52. 퇴보과호
53. 전신파련
54. 당두포
55. 좌금강도대
56. 수세

32식 태극검

1. 병보점검 （幷步点劍）　　17. 전신회추 （轉身回抽）
2. 독립반자 （独立反刺）　　18. 병보평자 （幷步平刺）
3. 부보횡소 （仆步橫掃）　　19. 좌궁보란 （左弓步拦）
4. 향우평대 （向右平帶）　　20. 우궁보란 （右弓步拦）
5. 향좌평대 （向左平帶）　　21. 좌궁보란 （左弓步拦）
6. 독립륜벽 （独立抡劈）　　22. 진보반자 （進步反刺）
7. 퇴보회추 （退步回抽）　　23. 반신회벽 （反身回劈）
8. 독립상자 （独立上刺）　　24. 허보점검 （虛步点劍）
9. 허보하절 （虛步下截）　　25. 독립평탁 （独立平托）
10. 좌궁보자 （左弓步刺）　　26. 궁보괘벽 （弓步挂劈）
11. 전신사대 （轉身斜帶）　　27. 허보륜벽 （虛步抡劈）
12. 축신사대 （缩身斜帶）　　28. 철보반격 （撤步反击）
13. 제슬봉검 （提膝捧劍）　　29. 진보평자 （進步平刺）
14. 도보평자 （跳步平刺）　　30. 정보회추 （丁步回抽）
15. 좌허보료 （左虛步撩）　　31. 선전평말 （旋转平抹）
16. 우궁보료 （右弓步撩）　　32. 궁보직자 （弓步直刺）

42식 태극검 경새투로

1. 기세　　　（起勢）　　　22. 부보천검 （仆步穿劍）
2. 병보점검 （幷步点劍）　　23. 등각가검 （蹬脚架劍）
3. 궁보삭검 （弓步削劍）　　24. 제슬점검 （提膝点劍）
4. 제슬벽검 （提膝劈劍）　　25. 부보횡소 （仆步橫掃）
5. 좌궁보란 （左弓步拦）　　26. 궁보하절 （弓步下截）
6. 좌허보료 （左虛步撩）　　27. 궁보하자 （弓步下刺）
7. 우궁보료 （右弓步撩）　　28. 우좌운말 （右左運抹）
8. 제슬봉검 （提膝捧劍）　　29. 우궁보벽 （右弓步劈）

9. 등각전자　　(蹬脚前刺)　　30. 후거퇴가검(后擧腿架劍)

10. 도보평자　　(跳步平刺)　　31. 정보점검　(丁步点劍)

11. 전신하자　　(转身下刺)　　32. 마보추검　(馬步推劍)

12. 궁보평참　　(弓步平斬)　　33. 독립상탁　(独立上托)

13. 궁보붕검　　(弓步崩劍)　　34. 진보괘검　(進步掛点)

14. 헐보압검　　(歇步壓劍)　　35. 헐보붕검　(歇步崩劍)

15. 진보교검　　(進步絞劍)　　36. 궁보반자　(弓步反刺)

16. 제슬상자　　(提膝上刺)　　37. 전신반자　(转身反刺)

17. 허보하절　　(虛步下截)　　38. 제슬제검　(提膝提劍)

18. 좌우평대　　(左右平帶)　　39. 행보천검　(行步穿劍)

19. 궁보벽검　　(弓步劈劍)　　40. 파퇴가검　(摆腿架劍)

20. 정보탁검　　(丁步托劍)　　41. 궁보직자　(弓步直刺)

21. 분각후점　　(分脚后点)　　42. 수세　　　(收勢)

49식 무당검

1. 기세　　　　(起勢)　　　25. 철보평참　(撤步平斬)

2. 정보점검　　(丁步点劍)　　26. 앙신가검　(仰身架劍)

3. 회신점검　　(回身点劍)　　27. 전신회추　(轉身回抽)

4. 부보횡소　　(仆步橫掃)　　28. 병보평자　(并步平刺)

5. 우좌평대　　(右左平帶)　　29. 행보료검　(行步撩劍)

6. 분각령검　　(分脚領劍)　　30. 앙신료검　(仰身撩劍)

7. 차보반료　　(叉步反撩)　　31. 개보안검　(盖步按劍)

8. 마보운포　　(馬步云抱)　　32. 도보하자　(跳步下刺)

9. 정보재검　　(丁步截劍)　　33. 헐보압검　(歇步壓劍)

10. 번신붕검　　(飜身崩劍)　　34. 허보점검　(虛步点劍)

11. 궁보하자　　(弓步下刺)　　35. 독립탁가　(獨立托架)

12. 독립상자	(独立上刺)	36. 궁보괘벽	(弓步挂劈)
13. 부보천자	(仆步穿刺)	37. 헐보후자	(歇步后刺)
14. 등각전자	(蹬脚前刺)	38. 차보평참	(叉步平斬)
15. 도보평자	(跳步平刺)	39. 허보포검	(虚步抱劍)
16. 전신평자	(轉身平刺)	40. 차보대검	(叉步帶劍)
17. 행보천검	(行步穿劍)	41. 궁보반붕	(弓步反崩)
18. 행보구검	(行步扣劍)	42. 제슬점검	(提膝点劍)
19. 궁보하자	(弓步下刺)	43. 차보반료	(叉步反撩)
20. 능공도자	(騰空跳刺)	44. 정보자검	(丁步刺劍)
21. 마보장검	(馬步藏劍)	45. 정보포검	(丁步抱劍)
22. 회신반자	(回身反刺)	46. 행보천검	(行步穿劍)
23. 허보붕검	(虚步崩劍)	47. 구검평말	(扣劍平抹)
24. 독립상자	(独立上刺)	48. 병보평자	(并步平刺)
49. 수세	(收勢)		

52식 태극공부선

1 기 세(起 勢)		2 사비세(斜飛勢)
3 백학양시(白鶴亮翅)		4 황봉입동(黃蜂入洞)
5 나타탐해(哪吒探海)		6 금계독립(金鷄獨立)
7 역벽화산(力劈華山)		8 영묘포접(靈猫捕蝶)
9 좌마관화(坐馬觀花)		10 야마분종(野馬分鬃)
11 추연능공(雛燕凌空)		12 황봉입동(黃蜂入洞)
13 맹호박식(猛虎扑食)		14 당랑포선(螳螂捕蟬)
15 늑마회두(勒馬回斗)		16 요자번신(鷂子翻身)
17 좌마관화(坐馬觀花)		18 거정추산(擧鼎推山)

주요 참고문헌

방기한, 24식태극권, 동선재, 2008.

방기한, 태극권 추수 이론과 실기, 동선재, 2006

이 찬, 태극권경, 하남출판사, 2003..

김홍래, 태극권의 비밀, 원미사, 2013.

현대태극권연구회, 현대 태극권 교본, 태을출판사, 2016.

민정암, 태극권, 대원사, 1991.

박 석, 대교약졸, 들녘, 2005.

조민욱, 칼끝에 천하를 춤추게 하다, 황금가지, 2007.

진 산, 중국무협사, 동문선, 2000.

이영직, 란체스터 경영전략, 청년정신, 2004.

Danny Miller, 정범구 역, 이카루스 패러독스, 21세기북스, 1995.

Douglas R. Hofstadter, 박여성 역, 괴델 에셔 바흐, 까치, 1999.

Kees van der Heijden, 김방희 역, 시나리오 경영, 세종연구원, 2000.

Isaac Newton, 이무현 역, 프린키피아, 교우사, 2009.

Paul Lam, 황수연 역, 태극권의 효율적 교수법, 밝은빛, 2010.

錢育才,笠尾恭二, 김우철 편역, 태극권 경전 강해, 학사원, 2016.

劉嗣傳, 금선학회역, 무당삼봉태극권, 여강출판사, 2001.

李德印, 24式簡火太極拳, 北京體育大學出版社, 2010.

陳正雷, 陳式太極拳全書, 人民體育出版社, 2009.

徐功保, 太極密碼, 人民體育出版社, 2013.

陳氏太極拳圖說(合正本), 山西科學技術出版社, 2014.

王永其, 陳式太極拳內功心法, 人民體育出版社, 2011.

Thomas S. Kuhn, The structure of Scientific Revolutions,
    Continuum International Publishing Group, 2008.

Steven L. Goldman, Agile Competitors and Virtual
    Organizations, John Wiley & Sons, 1994.

이명찬, 사희수, 금경수, 태극권 24식이 건강에 미치는 영향
에 대한 소고, 대한한의학원전학회지 Vol. 22-2, 263-273,
2009.

나대관, 오왕석, 송태원 , 태극권의 원리에 관한 소고, 대전대
학교 한의학연구소 논문집, 제10권 제1호, 287-295, 2001.

강현숙, 박미진, 오이택, 정용, 노인의 태극권수련이 정서 및
고독감에 미치는 영향, 한국스포츠리서치 제16권 6호, 2005.

김성운, 김한철, 김우철, 장기간의 태극권운동이 고혈압 여성
노인의 혈압, 심박수 및 혈중지질에 미치는 영향, 한국특수체육
학회지 제24권 4호, 2016.

김정하, 태극권 수련이 고혈압 여성 노인의 심장 자율신경계 활동 혈압에 미치는 영향, 한국무용과학회지 제31권 제1호, 2014.

황의형, 김종희, 김상운, 양창섭, 국내에 보고된 관절염 태극권 연구에 대한 체계적 고찰, The Journal of the Korea Institue of Oriental Medical Infomatics 14(2), 2008.

강현숙, 김백윤, 박미진, 신영호, 태극권 수련이 중년여성의 심리적 행복감에 미치는 영향. 한국스포츠리서치 제16권2호, 2005.

이은남, 태극권운동 프로그램이 본태성고혈압환자의 혈압 총콜레스테롤 및 코티졸에 미치는 효과, 대한간호학회지 제34권 5호, 2004.

백명화, 태극권이 골관절염환자의 통증, 유연성, 지각된 건강상태 및 일상생활활동능력에 미치는 효과, 류마티스건강학회지 Vol. 12, No.2, 2005.

백명화, 태극권이 퇴행성관절염 환자의 관절 유연성에 미치는 효과, Korean J Rehabil Nurs Vol.7 No.2,, 2004.

최동원, 송경애, 태극권이 파킨슨병 환자의 우울, 자기효능감 및 삶의 질에 미치는 효과, J Korean Acad Fundam Nurs

Vol.15 No.4, 2008.

최정현, 태극권운동이 낙상 위험 노인의 신체적, 심리적 기능 및 낙상발생에 미치는 효과, 류마티스건강학회지. Vol.10, No.1, 2003.

황의형, 허광호, 이금산, 운동요법으로서 태극권이 혈압에 미치는 영향 : 신속 체계적 고찰, 한방재활의학과학회지 제23권 제1호, 2013.

王召運, 劉大年, 孔德衆 태극권 수련에 대한 혈압강하의 연구 (對鍊太極拳降血壓的研究), 중국기공 김성진 역 재인용 2000.

계홍경, 오산산, 이성복, 이범진, 박정준, 태극권 운동이 ADHD 소아·청소년의 주의집중력과 동적 균형능력에 미치는 영향, 한국특수체육학회지 제23권 제3호. pp. 1-11, 2015.

김성운, 김한철, 태극권 프로그램이 지적장애 청소년의 신체구성 및 건강관련 체력에 미치는 영향 한국특수체육학회지 제22권 제2호. pp. 63-79, 2014.

김성운, 김한철, 남학, 태극권 운동이 지장애청소년의 주의집중력과 뇌변화에 미치는 영향, 한국체육학회지 제54권 제3호, 54 3, 603-616, 2015.

박재홍, 이강헌, 태극권 수련이 초등학교 학생의 자아개념에 미치는 영향, 한국스포츠심리학회지 제11권 제1호 155-170, 2000. Vol.15 No.4, 2008.

저자 약력

■ 주요 경력

- 2008. 태극권 입문, 중국 대련시 蘇宏사부 문하
- 2010. 李春景(진식태극권 11대 전인) 노사 진식태극권 사사
- 2011. 1급 교련자격증 (요녕성)
  중국 국가2급 심판자격증(중화인민공화국체육총국)
  요녕성 무술대회 금메달 수상
  중국 국가공인 3단
- 2012. 중국 대련시 한인회 태극권 교련
- 2013. 진식태극권 12대 전인
- 현재   경동대학교 경영학과 교수
  태극권교실운영

■ 학력

- 1997. 카이스트 테크노MBA, 경영학 석사
- 1984. 성균관대학교 기계공학과 학사

■ 사회경력

- 전진중공(대련)유한공사 중국총괄사장,

삼성중공업/삼성상용차/삼성캐피탈, 상품기획팀장 경기지사
장 등

■ 저술

– 저서   『테크노MBA』, 1999, 새로운사람들
          『경영학에서 바라본 태극권』, 2019, 새로운사람들
– 번역서 『혼다! 살아 있는 신화』, 1996, KAIST 자동차산업